COMMENT GÉRER LE STRESS ET L'ANXIÉTÉ AU TRAVAIL.

17 techniques testées et fiables pour surmonter les inquiétudes, soulager la panique et commencer à vivre une vie professionnelle sans stress.

COMMENT UTILISER CE LIVRE.

Félicitations pour avoir choisi Comment gérer le stress et l'anxiété au travail comme guide pour transformer votre vie professionnelle! Ce livre est conçu pour vous donner des stratégies concrètes et des techniques éprouvées qui, lorsqu'elles sont appliquées de manière cohérente, peuvent conduire à une expérience de travail plus équilibrée et plus épanouissante. Voici comment vous pouvez tirer le meilleur parti de cette ressource:

Commencez par une lecture attentive:

Commencez par lire le livre en entier pour comprendre les stratégies présentées. Faites attention aux exemples concrets et aux exercices proposés à la fin de chaque stratégie. Cela vous donnera un aperçu complet du voyage de transformation qui vous attend.

Réfléchissez à votre situation actuelle:

Prenez le temps de réfléchir à votre environnement de travail actuel et à votre bien-être personnel. Identifiez les domaines spécifiques où vous ressentez du stress ou un déséquilibre. Cette conscience de soi vous aidera à adapter les stratégies à vos besoins uniques.

Choisissez votre point de départ:

Bien que toutes les stratégies présentées dans le livre soient utiles, il est conseillé de commencer par une ou deux qui vous intéressent le plus. Cela garantit une intégration progressive et gérable dans votre routine quotidienne.

Mettre en œuvre de petits changements:

La transformation est souvent plus efficace lorsqu'elle est abordée progressivement. Mettez en œuvre les stratégies choisies par petites étapes gérables. La cohérence est la clé, alors concentrez-vous sur l'intégration de ces changements à votre routine quotidienne ou hebdomadaire.

Participez aux exercices:

Après chaque stratégie, vous trouverez des exercices pratiques. Ceux-ci sont conçus pour renforcer les concepts abordés et offrir une expérience pratique. Prenez le temps de réaliser ces exercices et observez leur impact sur votre état d'esprit et la dynamique de votre lieu de travail.

Suivez vos progrès:

Tenez un journal ou documentez vos expériences pendant que vous mettez en œuvre les stratégies. Notez tous les changements positifs, les défis rencontrés et les idées acquises. Suivre vos progrès vous aidera à rester motivé et à identifier les domaines à améliorer.

Expérimentez et adaptez-vous:

Le parcours professionnel de chacun est unique. N'hésitez pas à expérimenter des variantes des stratégies ou à les combiner selon vos préférences. Adaptez les techniques pour les aligner sur votre environnement de travail et votre style personnel.

Célébrez les réalisations:

Reconnaissez et célébrez les réalisations petites et
significatives en cours de route. Reconnaître vos progrès
renforcera les changements positifs que vous apportez et
contribuera à un état d'esprit plus positif.

Partagez votre expérience:

Pensez à discuter du livre et de ses stratégies avec des
collègues ou des amis. Partager vos expériences peut
favoriser une communauté solidaire et encourager les autres
à se lancer dans leur propre voyage vers un lieu de travail
sans stress.

Continuez votre voyage:

Transformer votre vie professionnelle est un processus
continu. Une fois que vous vous sentez à l'aise avec les
stratégies initiales, revisitez le livre et explorez les
techniques supplémentaires fournies dans les sections
suivantes. L'apprentissage continu et l'adaptation sont
essentiels au succès à long terme.

N'oubliez pas que l'objectif n'est pas la perfection mais le
progrès. En intégrant ces stratégies dans votre vie
quotidienne et en restant engagé envers votre bien-être,
vous prenez une mesure proactive vers la création d'une
expérience professionnelle plus épanouissante et sans stress.
Bonne chance dans votre voyage de transformation !

Table of Contents

Préface Des Auteurs

Dans le monde exigeant et rapide dans lequel nous vivons, le lieu de travail peut souvent devenir un terrain fertile pour le stress et l'anxiété. Les pressions, les délais et les attentes constants peuvent avoir des conséquences néfastes sur notre bien-être mental, affectant non seulement notre vie professionnelle mais également notre vie personnelle. C'est avec cette reconnaissance du défi omniprésent que représentent le stress et l'anxiété liés au travail qu'est née l'idée de ce livre, "Comment gérer le stress et l'anxiété au travail: 17 techniques testées et fiables pour surmonter l'inquiétude, soulager la panique et commencer à vivre un stress". -Vie professionnelle libre", a été conçue.

En tant qu'auteur, j'ai longtemps été fasciné par l'intersection de la santé mentale et de la réussite professionnelle. Ayant vécu personnellement l'impact du stress lié au travail, je me suis lancé dans un voyage visant à explorer et à rédiger un guide complet qui va au-delà de la simple reconnaissance du problème. Ce livre ne vise pas seulement à comprendre le stress et l'anxiété; il s'agit de vous équiper de techniques pratiques, testées et fiables pour relever efficacement ces défis.

Les 17 techniques présentées dans ce livre ne sont pas des conjectures théoriques mais ont été tirées d'expériences du monde réel, soutenues par des principes psychologiques et validées par les témoignages d'individus qui les ont mises en œuvre avec succès dans leur propre vie. Des pratiques de pleine conscience aux stratégies de gestion du temps, chaque technique est conçue pour aborder des facettes spécifiques du stress et de l'anxiété liés au travail.

Dans ces pages, vous trouverez non seulement une feuille de route pour vaincre le stress, mais également une approche holistique pour créer un environnement de travail favorisant le bien-être. L'objectif n'est pas simplement de survivre aux défis du lieu de travail moderne, mais de prospérer face à l'adversité. Ce livre témoigne de la conviction que chacun a le pouvoir de reprendre le contrôle de sa vie professionnelle et de ressentir un nouveau sentiment d'équilibre, d'épanouissement et de tranquillité. Au fur et à mesure que vous approfondissez les chapitres qui suivent, je vous encourage à aborder le contenu avec un esprit ouvert et une volonté d'explorer les techniques présentées. Le voyage vers une vie professionnelle sans stress commence par une seule étape, et ce livre vous accompagne sur ce chemin de

transformation. Puissent les idées contenues dans ces pages vous permettre non seulement de faire face aux pressions du monde professionnel, mais aussi d'en ressortir plus fort, plus résilient et prêt à embrasser la joie d'une vie professionnelle véritablement sans stress.

À votre bien-être et à votre réussite.

PARTIE UN

Dévoiler Le Succès: Lutter Contre Le Stress Et L'anxiété Au Travail

Dans le monde trépidant du chaos des entreprises, où les délais se profilaient comme des ombres et les attentes étaient comme un poids sur ses épaules, il s'est retrouvé pris sous l'emprise incessante du stress et de l'anxiété au travail. Il ne sait pas que son parcours se transformera en une histoire de triomphe, non seulement pour lui mais pour tous ceux qui sont aux prises avec les pressions écrasantes du lieu de travail moderne.

Rencontrez Alex Turner, cadre intermédiaire dans une entreprise technologique à enjeux élevés. Les exigences constantes, la charge de travail toujours croissante et la course sans fin pour répondre aux attentes avaient transformé le travail de ses rêves en cauchemar. Il se sentait comme un hamster sur une roue, courant sans relâche mais n'aboutissant à rien. Chaque jour apportait de nouveaux défis et les nuits étaient hantées par le spectre menaçant d'objectifs et d'attentes non atteints.

Un jour fatidique, alors qu'Alex était assis dans son bureau faiblement éclairé, regardant une pile de rapports inachevés, il réalisa que quelque chose devait changer. Il était temps d'affronter les démons du stress et de l'anxiété au travail qui avaient élu domicile dans son esprit et son corps.

Il est tombé sur un livre intitulé « Comment gérer le stress et l'anxiété au travail ». Il ne sait pas que cette découverte marquerait le début d'un voyage transformateur. En parcourant les pages du livre, le concept de « créer votre histoire de réussite » a attiré son attention. Il ne s'agissait pas seulement de gérer le stress; il s'agissait de le conquérir. L'auteur a souligné l'importance d'accepter le changement, tant dans notre environnement externe qu'en nous-mêmes.

Il a commencé par réévaluer ses habitudes et ses priorités de travail. Le livre l'a guidé dans l'identification et l'élimination des facteurs de stress inutiles, l'aidant ainsi à créer une charge de travail plus équilibrée et plus gérable. Le processus n'a pas été facile, mais c'était nécessaire à son bien-être.

Le voyage vers le dévoilement du succès a pris une tournure inattendue vers la pleine conscience et la méditation. Le livre a souligné le pouvoir de ces pratiques pour calmer l'esprit et renforcer la résilience. Sceptique au début, il a décidé de tenter le coup.

L'intégration de la pleine conscience dans sa routine quotidienne s'est avérée révolutionnaire. De simples exercices de respiration et des moments de méditation sont devenus des points d'ancrage dans sa journée chaotique. Ils lui ont offert un répit bien mérité dans le tourbillon constant de pensées, lui permettant d'aborder les défis avec un esprit plus clair.

En poursuivant son chemin, il a réalisé l'importance de bâtir un système de soutien. Ce livre a souligné l'importance de se connecter avec d'autres personnes qui ont été confrontées à des défis similaires. il a contacté des collègues, des amis et a même demandé l'aide d'un professionnel. Le partage d'expériences et de stratégies d'adaptation ont contribué à alléger le fardeau du stress.

Comment gérer le stress et l'anxiété au travail l'a obligé à fixer des limites dans sa vie professionnelle et personnelle. Le livre souligne l'importance de créer un équilibre entre vie professionnelle et vie privée et de ne pas laisser les exigences professionnelles empiéter sur un temps personnel précieux. Apprendre à dire non lorsque cela est nécessaire et établir des limites claires sont devenus des outils essentiels pour reprendre le contrôle de sa vie.

Le livre a encouragé un changement de mentalité vers la célébration des petites victoires. Au lieu de se concentrer sur les défis à venir, il a appris à apprécier les progrès qu'il a réalisés, aussi progressifs soient-ils. Reconnaître et célébrer les réalisations, aussi petites soient-elles, a alimenté sa motivation à continuer d'aller de l'avant.

Lentement mais sûrement, la transformation s'est opérée. Le train-train quotidien qui le submergeait autrefois est devenu plus gérable. Les crises de panique ont reculé, remplacées par un nouveau sentiment de résilience. Comment gérer le stress et l'anxiété au travail ne consistait pas à éliminer complètement le stress; il s'agissait de transformer sa relation avec lui.

En partageant cela aujourd'hui, il peut attester de l'efficacité des stratégies décrites dans « Comment gérer le stress et l'anxiété au travail ». L'application de ces principes a entraîné un changement positif non seulement dans sa vie professionnelle mais aussi dans son bien-être général.

C'est à votre tour de vous lancer dans le voyage pour surmonter vos inquiétudes, soulager la panique et commencer à vivre une vie professionnelle sans stress. Les pages qui suivent détiennent la clé pour transformer votre relation avec le stress et l'anxiété au travail. Ensemble, explorons les étapes pratiques, les stratégies et l'état d'esprit responsabilisant qui peuvent vous amener à relever des défis qui semblent insurmontables.

Alors, attachez votre ceinture, cher lecteur, alors que nous naviguons sur le chemin vers une vie plus épanouissante et plus équilibrée. Le voyage peut être difficile, mais la destination vaut chaque étape. Dévoilons le succès ensemble.

1

Les Luttes Silencieuses Du Lieu De Travail

Dans l'agitation du lieu de travail moderne, les luttes silencieuses auxquelles sont confrontés les employés passent souvent inaperçues. Derrière la façade raffinée de la productivité, des délais et des réunions, se cache une bataille plus profonde. Ce sont des luttes silencieuses qui se déroulent dans les coins tranquilles des bureaux, éclipsées par la quête incessante du succès.

L'une des luttes silencieuses les plus répandues est le défi de la santé mentale sur le lieu de travail. La pression de répondre aux attentes, associée à la peur de la précarité de l'emploi, crée un terrain fertile pour le stress et l'anxiété. Les employés doivent trouver un équilibre délicat entre le maintien d'un extérieur calme et la lutte contre les troubles internes provoqués par les exigences du lieu de travail. C'est une guerre silencieuse menée intérieurement, cachée derrière les sourires professionnels et les attitudes posées.

À une époque où la connectivité est constante, une autre lutte silencieuse émerge: la frontière floue entre le travail et la vie personnelle. Les progrès technologiques ont conduit à une culture de travail permanente, dans laquelle les employés ont du mal à se détacher de leurs responsabilités professionnelles. Le ping incessant des e-mails et des messages infiltre le temps personnel, laissant les employés aux prises avec le besoin d'être constamment disponibles. Cette lutte silencieuse érode les frontières autrefois claires entre travail et loisirs, contribuant ainsi à l'épuisement professionnel et à la diminution du bien-être général.

La diversité et l'inclusion, bien que de plus en plus reconnues, constituent toujours un combat silencieux dans de nombreux lieux de travail. Malgré les efforts visant à créer un environnement inclusif, les employés peuvent être confrontés à des préjugés subtils, à des microagressions ou au sentiment de ne pas pleinement appartenir. Cette lutte silencieuse reste souvent inexprimée, car les individus craignent d'être qualifiés de trop sensibles ou perturbateurs. Le lieu de travail, présenté comme un espace de collaboration et d'égalité des chances, peut perpétuer par inadvertance un environnement dans lequel certains se sentent comme des étrangers, aux prises avec leurs batailles silencieuses pour l'acceptation.

De plus, la lutte silencieuse du syndrome de l'imposteur jette son ombre sur de nombreux bureaux. Les employés, quelles que soient leurs réalisations, sont souvent aux prises avec la peur persistante d'être dénoncés comme fraudeurs. Ce conflit interne mine la confiance en soi et entrave l'évolution professionnelle. Le lieu de travail, conçu pour favoriser le développement, devient sans le savoir un champ de bataille où les employés luttent contre leurs insuffisances perçues.

Une lutte silencieuse moins reconnue est la quête de l'équilibre entre vie professionnelle et vie privée. Dans la poursuite incessante d'objectifs de carrière, les employés peuvent se retrouver à sacrifier leur temps personnel, leurs relations et même leur santé. La culpabilité silencieuse de ne pas être présent aux événements familiaux ou de négliger son bien-être personnel est un combat auquel beaucoup sont confrontés. Le défi tacite consiste à trouver un équilibre entre les aspirations professionnelles et une vie personnelle épanouie.

Les luttes silencieuses sur le lieu de travail sont omniprésentes et multiformes. Des batailles internes liées à la santé mentale et au syndrome de l'imposteur aux défis externes liés à l'équilibre travail-vie personnelle et à la diversité, les employés naviguent sur des terrains complexes sous la surface du quotidien. Il est impératif de reconnaître et d'aborder ces luttes silencieuses pour favoriser un lieu de travail plus sain et plus solidaire. Ce n'est qu'en reconnaissant les batailles silencieuses menées par les employés que les organisations pourront espérer créer un environnement qui favorise un véritable bien-être et libère le plein potentiel de leur main-d'œuvre.

2

Impact Du Stress Et De L'anxiété Sur La Réussite

Dans la tapisserie complexe de la vie, le succès est souvent décrit comme le summum de la réussite, le point culminant d'un travail acharné, du dévouement et de la résilience. Cependant, au milieu des récits de célébration, un adversaire silencieux mais redoutable se cache: le stress et l'anxiété. Ces coupables invisibles peuvent se frayer un chemin de manière complexe dans le tissu du succès, affectant les individus de manière à la fois profonde et subtile.

Considérez l'histoire de Rachel, une dirigeante d'entreprise montante qui rêve d'atteindre le zénith de sa carrière. Les exigences incessantes de son travail, associées à la pression nécessaire pour atteindre les objectifs et dépasser les attentes, créent un terrain fertile pour le stress et l'anxiété. À mesure que les échéances approchent et que les responsabilités augmentent, les conséquences sur le bienêtre mental de Rachel s'intensifient. La lutte constante contre le doute de soi et la peur de l'échec commence à éroder sa confiance, jetant des ombres sur son chemin vers le succès.

Dans le cas de Rachel, le stress devient un compagnon indésirable dans son voyage, influençant subtilement ses capacités décisionnelles et obscurcissant sa vision stratégique. La quête incessante du succès se transforme en un jeu aux enjeux élevés où chaque mouvement est semé d'embûches avec la peur de l'échec. Alors que le stress renforce son emprise, le chemin autrefois clair vers le succès de Rachel s'obscurcit, l'amenant à remettre en question ses capacités et ses choix.

De même, considérons Mark, un aspirant entrepreneur alimenté par la passion et l'ambition. Le paysage entrepreneurial, bien que passionnant, est semé d'incertitudes et de défis. La vision du succès de Mark se juxtapose à l'anxiété omniprésente liée à la navigation sur un marché volatil et à la gestion des complexités d'une entreprise naissante. Alors que le stress s'installe, Mark se retrouve pris dans un cycle d'inquiétude perpétuelle, doutant de ses décisions et perdant de vue l'esprit novateur qui l'animait autrefois.

Dans les deux scénarios, l'impact du stress et de l'anxiété sur la réussite est évident dans la diminution de la résilience et de la créativité de ces individus. Les qualités mêmes qui contribuent au succès – l'esprit de décision, l'innovation et l'adaptabilité – sont compromises lorsque l'esprit est obscurci par le stress. La poursuite incessante du succès, bien qu'admirable, devient une arme à double tranchant lorsque le bien-être mental est sacrifié sur son autel.

De plus, les conséquences physiologiques du stress et de l'anxiété ne peuvent être négligées. La connexion corpsesprit est un équilibre délicat, et lorsque le stress perturbe cet équilibre, il peut se manifester par diverses affections physiques, entravant encore davantage la voie du succès. Les troubles du sommeil, les problèmes digestifs et la fonction immunitaire affaiblie deviennent les dommages collatéraux d'une lutte incontrôlée contre le stress, laissant les individus physiquement épuisés et mentalement fatigués.

L'impact du stress et de l'anxiété sur la réussite est une interaction nuancée et complexe qui passe souvent inaperçue. Des scénarios, comme ceux de Rachel et Mark, illustrent comment ces adversaires invisibles peuvent subtilement étrangler le cheminement vers le succès. Il est impératif de reconnaître la relation symbiotique entre le bien-être mental et la réussite, car c'est seulement ainsi que les individus pourront espérer se libérer des entraves du stress et de l'anxiété et ouvrir la voie à un chemin plus durable et plus épanouissant vers le succès.

DEUXIÈME PARTIE

Identifier Les Coupables

Dans la quête incessante du succès, nos lieux de travail modernes se sont transformés en champs de bataille où les délais s'affrontent, les attentes montent en flèche et le stress devient un compagnon indésirable. Dans mon livre « Comment gérer le stress et l'anxiété au travail », j'aborde en profondeur les causes profondes de l'épidémie qui paralyse nos vies professionnelles. Un méchant se démarque parmi les ombres, exerçant son influence malveillante sur le paysage de l'entreprise: les environnements de travail malsains.

Imaginez ceci: un bureau stérile où l'air est chargé de tension, les lumières fluorescentes scintillent de façon menaçante et le bourdonnement du mécontentement imprègne chaque recoin. C'est le terrain fertile du stress et de l'anxiété, un lieu où les graines du mécontentement sont semées et où les fruits récoltés ne sont rien de moins que la misère.

Les environnements de travail malsains sont les architectes silencieux de notre détresse. Ils tissent une toile de toxicité qui s'infiltre dans le tissu même de notre vie quotidienne. La pression incessante pour répondre à des attentes irréalistes, associée à une culture qui donne la priorité à la quantité plutôt qu'à la qualité, crée une cocotte-minute où le stress et l'anxiété mijotent.

Les exigences incessantes du travail moderne ont donné naissance à une culture dans laquelle la frontière entre vie professionnelle et vie personnelle s'estompe et tombe dans l'oubli. Les courriels envahissent nos soirées, les délais hantent nos week-ends et le concept d'un équilibre sain entre vie professionnelle et vie privée n'est plus qu'un rêve lointain. La connectivité constante qu'offre la technologie est une arme à double tranchant, transformant nos maisons en extensions de bureau et nos esprits en champs de bataille perpétuels.

La culture toxique du lieu de travail se manifeste sous diverses formes – depuis des patrons tyranniques qui prospèrent grâce à la microgestion jusqu'à des collègues acharnés qui considèrent le succès comme un jeu à somme nulle. Le manque de soutien et de camaraderie transforme le travail d'équipe en un sport de compétition, laissant les employés isolés et vulnérables aux ravages du stress.

De plus, l'absence de reconnaissance et d'appréciation favorise un environnement dans lequel l'épuisement professionnel devient une conséquence inévitable. Les employés qui versent leur sang, leur sueur et leurs larmes dans leur travail se retrouvent pris dans un cycle ingrat, érodant leur motivation et les plongeant plus profondément dans l'abîme du stress et de l'anxiété.

Dans « Comment gérer le stress et l'anxiété au travail », je propose une feuille de route pour naviguer sur le terrain dangereux des environnements de travail malsains. Des stratégies pratiques pour cultiver la résilience aux mesures concrètes pour favoriser une culture de travail positive, ce livre est une bouée de sauvetage pour ceux qui se noient dans l'océan de la pression professionnelle.

Il est temps de démasquer le coupable et de reprendre le contrôle de notre bien-être. En comprenant la nature insidieuse des environnements de travail malsains, nous pouvons nous armer d'outils pour lutter contre le stress et l'anxiété, créant ainsi un avenir où nos vies professionnelles coexistent harmonieusement avec notre bonheur personnel. Rejoignez-moi dans ce voyage de découverte de soi et d'autonomisation, alors que nous nous lançons dans une quête pour transformer nos lieux de travail et, en retour, transformer nos vies. Environnements de travail malsains

3

Reconnaître Les Facteurs De Stress

Vous êtes assis à votre bureau, entouré d'une montagne de tâches, les délais se profilent comme des nuages d'orage prêts à libérer des torrents de stress. Le téléphone envoie sans cesse des e-mails urgents et votre liste de choses à faire s'étend plus longtemps que la Grande Muraille de Chine. Reconnaître les facteurs de stress est la première étape cruciale pour se libérer de ce cycle étouffant.

Dans la quête incessante de la réussite professionnelle, le lieu de travail moderne ressemble souvent à un champ de bataille où le stress et l'anxiété mènent une guerre silencieuse contre le bien-être de ses guerriers. Mon livre, « Comment gérer le stress et l'anxiété au travail », plonge au cœur de cette bataille, révélant l'un des principaux coupables qui sabote furtivement notre résilience mentale : la reconnaissance des facteurs de stress.

Au fil des pages de ce livre, je dévoile la nature insidieuse des facteurs de stress, ces déclencheurs apparemment inoffensifs qui déclenchent une cascade de stress et d'anxiété. Les facteurs de stress sont les architectes secrets du chaos, travaillant en coulisses pour démanteler notre force mentale. Ce sont les bombardiers furtifs de l'espace aérien de nos vies professionnelles, prêts à frapper quand on s'y attend le moins.

L'un des facteurs de stress les plus puissants est la pression incessante exercée pour répondre à des attentes irréalistes.

Dans notre monde hyper-connecté, les exigences du monde du travail peuvent ressembler à une tempête incessante, déchirant le calme de nos vies personnelles. Ce livre explore comment identifier ces attentes et propose des stratégies pratiques pour les gérer efficacement.

Le cocktail toxique du perfectionnisme et de la peur de l'échec est un autre facteur de stress qui se cache dans l'ombre, prêt à bondir. À travers des anecdotes vivantes et des recherches perspicaces, j'aide les lecteurs à reconnaître ces pressions auto-imposées et je leur propose des outils efficaces pour les combattre. Accepter l'imperfection devient un puissant bouclier contre les flèches du stress et de l'anxiété.

Les relations sur le lieu de travail peuvent être à la fois un baume et un champ de bataille. Dans « Comment gérer le stress et l'anxiété au travail », j'expose la dynamique des relations toxiques en tant que puissant facteur de stress. Des collègues complices aux supérieurs autoritaires, comprendre les déclencheurs interpersonnels est essentiel pour naviguer dans le labyrinthe du stress au travail. Le livre donne aux lecteurs des stratégies d'intelligence émotionnelle pour dissiper les tensions et établir des liens résilients.

Alors que nous parcourons les subtilités du stress et de l'anxiété au travail, l'importance de reconnaître les facteurs de stress devient un thème récurrent. C'est la boussole qui nous guide à travers les mers tumultueuses de la vie professionnelle. Ce livre n'est pas seulement un guide de survie; c'est un modèle pour prospérer face à l'adversité.

« Comment gérer le stress et l'anxiété au travail » n'est pas simplement une collection de conseils d'auto-assistance clichés. C'est une révélation, un signal d'alarme pour les saboteurs silencieux qui se cachent dans les recoins de nos vies professionnelles. Reconnaître les facteurs de stress est la porte d'entrée pour reprendre le contrôle, et ce livre est la clé qui ouvre la porte à une personne plus calme et plus résiliente. Êtes-vous prêt à vous lancer dans ce voyage transformateur? Le choix vous appartient, et le pouvoir de vaincre le stress et l'anxiété réside dans les pages de ce guide indispensable.

4

L'effet Domino Sur Le Succès

Dans la danse complexe du succès et de l'ambition, se cache un saboteur silencieux qui passe souvent inaperçu jusqu'à ce qu'il soit trop tard: l'effet Domino. Plongez dans le réseau complexe de facteurs qui contribuent à la pression écrasante à laquelle beaucoup sont confrontés dans la quête du succès dans les pages de ce livre. L'effet Domino, avec sa progression insidieuse, apparaît comme un coupable important, laissant derrière lui une traînée de stress et d'anxiété.

Imaginez une ligne de dominos méticuleusement disposés, chacun représentant un aspect différent de votre vie professionnelle – des délais et objectifs aux attentes personnelles et aux normes sociétales. À première vue, ils peuvent sembler inoffensifs, grands et fiers. Cependant, c'est la nature même des dominos de tomber en séquence, déclenchant une réaction en chaîne qui peut être à la fois fascinante et destructrice.

L'effet domino sur le succès se manifeste progressivement, commençant souvent par une poussée apparemment innocente: un délai serré, un projet ambitieux ou une liste de choses à faire sans cesse croissante. Lorsque le premier domino tombe, cela déclenche une cascade incessante d'événements, chaque domino représentant un nouveau défi, une demande accrue ou un obstacle imprévu. Avant que vous ne vous en rendiez compte, la ligne autrefois solide succombe à la force implacable, laissant derrière elle le chaos.

Dans le contexte de la vie professionnelle, l'effet Domino se manifeste sous la forme d'attentes croissantes. Plus vous accomplissez, plus on attend de vous. Le succès engendre l'anticipation, et à mesure que les dominos tombent, la pression s'intensifie. Cette escalade constante peut conduire à un cycle toxique de stress et d'anxiété, alors que les individus sont aux prises avec le fardeau de pérenniser leurs réalisations.

De plus, l'effet Domino ne s'arrête pas aux seules réalisations professionnelles. Cela s'infiltre dans la vie personnelle, affectant les relations, le bien-être mental et le bonheur en général. La quête incessante du succès peut mettre à rude épreuve les liens familiaux, éroder l'équilibre travail-vie personnelle et nuire à la santé physique et mentale.

Comprendre l'effet Domino est essentiel pour quiconque cherche à naviguer dans les eaux dangereuses du paysage professionnel moderne. Dans les chapitres suivants de ce livre, je propose des informations pratiques et des stratégies concrètes pour sortir du cycle des dominos. Des techniques efficaces de gestion du temps à la culture d'un état d'esprit résilient, le livre fournit une feuille de route permettant aux individus de reprendre le contrôle de leur vie et de réussir selon leurs conditions.

Au fur et à mesure que les lecteurs se lanceront dans ce voyage transformateur, ils acquerront une compréhension approfondie de l'emprise de l'effet Domino sur leur bienêtre. Le livre sert de guide, permettant aux individus de démanteler la ligne de dominos, une pièce à la fois. En démêlant les couches de stress et d'anxiété induites par la poursuite du succès, les lecteurs peuvent tracer un chemin vers une vie plus équilibrée et épanouissante.

Dans un monde où le succès est souvent mesuré par des critères externes, « Comment gérer le stress et l'anxiété au travail » invite les lecteurs à redéfinir le succès selon leurs propres termes et à se libérer de l'implacable effet domino. Il est temps de briser la chaîne, de reprendre le contrôle et de nous lancer dans un voyage vers une vie plus saine et plus harmonieuse.

PARTIE TROIS

Les Conséquences De L'ignorance Du Stress

Les conséquences de la négligence du stress ne sont pas seulement personnelles; ils se répercutent dans toutes les facettes de notre vie professionnelle et personnelle. Alors que nous nous trouvons à la croisée des chemins, ce livre éclaire la voie à suivre, offrant une lueur d'espoir et des conseils pratiques à ceux qui sont prêts à affronter et à vaincre les ombres du stress et de l'anxiété au travail. Négliger le stress peut avoir des conséquences considérables, créant un effet d'entraînement qui touche non seulement l'individu mais également le lieu de travail, les relations et la santé globale de la société. Ce livre vise à éclairer ce problème omniprésent, en fournissant une feuille de route à ceux qui souhaitent naviguer dans le labyrinthe complexe du stress au travail et en sortir plus forts de l'autre côté.

De plus, l'impact du stress s'étend au-delà de l'individu, affectant la dynamique interpersonnelle et la culture organisationnelle globale. Les tensions sur le lieu de travail peuvent entraîner des relations tendues entre collègues, entravant la collaboration et l'innovation. Reconnaissant la relation symbiotique entre le bien-être individuel et la réussite collective, mon livre explore l'importance de favoriser un environnement de travail solidaire et inclusif. En fournissant des outils pratiques aux employés et aux employeurs, il cherche à transformer les lieux de travail en refuges de résilience et de créativité.

Sur le plan personnel, un stress négligé peut s'infiltrer dans les fondements des relations, provoquant des fissures qui, si elles ne sont pas prises en compte, peuvent s'élargir avec le temps. Les conséquences émotionnelles du stress chronique peuvent mettre à rude épreuve les liens familiaux et amicaux, érodant les systèmes de soutien qui sont cruciaux pour relever les défis de la vie. À travers des anecdotes poignantes et des idées d'experts, mon livre explore l'interaction complexe entre le stress et les relations, proposant des stratégies pour renforcer les liens et fortifier le bien-être émotionnel.

5

Détérioration De La Santé Mentale

Les exigences du lieu de travail moderne nous laissent souvent aux prises avec le stress et l'anxiété. Comment gérer le stress et l'anxiété au travail explore les subtilités de ce problème omniprésent, mettant en lumière les conséquences qui peuvent se produire lorsque le stress est ignoré. Parmi ces conséquences, l'une des plus insidieuses et potentiellement dévastatrices est la détérioration de la santé mentale.

Dans la quête incessante de la réussite professionnelle, il est trop facile de négliger les conséquences du stress chronique sur notre esprit. Les pages de mon livre nous rappellent de manière convaincante que l'esprit n'est pas une forteresse indestructible; il s'agit plutôt d'un écosystème délicat qui nécessite une attention particulière. Ignorer le stress équivaut à négliger un jardin, laissant les mauvaises herbes pousser sans contrôle jusqu'à éclipser les fleurs vibrantes.

La détérioration de la santé mentale n'est pas un spectre lointain; c'est une réalité palpable qui peut se manifester de multiples façons. L'anxiété, la dépression et l'épuisement professionnel sont des envahisseurs silencieux qui

s'infiltrent lentement dans les couloirs de notre esprit lorsque nous ignorons les signes avant-coureurs du stress. Grâce à des recherches méticuleuses et à des anecdotes réelles, « Comment gérer le stress et l'anxiété au travail » attire l'attention sur les changements subtils de comportement, les nuits blanches et les doutes tenaces qui signalent un esprit en détresse.

Ce livre tisse un récit qui exprime l'urgence de s'attaquer de front au stress, non seulement pour le bien de la productivité, mais pour la préservation de notre bien-être mental. Il souligne l'interdépendance de l'esprit et du corps, illustrant comment un stress non géré peut ouvrir la voie à une cascade de maux physiques et psychologiques.

Au fur et à mesure que les lecteurs se lancent dans ce voyage instructif, ils découvriront des stratégies pratiques et des idées stimulantes pour contrecarrer l'empiétement du stress et sauvegarder leur force mentale. Des techniques de pleine conscience aux stratégies d'établissement de limites, « Comment gérer le stress et l'anxiété au travail » sert de guide complet, offrant une bouée de sauvetage à ceux qui se noient dans les eaux turbulentes du stress au travail.

Grâce à l'exploration d'histoires personnelles et de conseils d'experts, le livre vise à cultiver une culture qui donne la priorité à la santé mentale dans la sphère professionnelle. Il encourage les lecteurs à considérer le stress non-pas comme un sous-produit inévitable de l'ambition mais comme un signal pour recalibrer et réévaluer leur approche du travail et de la vie.

Ce livre est un manifeste pour un changement de **paradigme:** un appel à l'action pour démanteler la stigmatisation entourant la santé mentale en milieu de travail. En reconnaissant l'impact profond du stress sur notre esprit, nous nous donnons les moyens de prendre le contrôle de notre bien-être mental et de tracer la voie vers une vie plus équilibrée et épanouissante. Au fil des pages, les lecteurs trouveront non seulement du réconfort, mais aussi une feuille de route pour naviguer sur le terrain tumultueux du stress au travail et en ressortir plus forts de l'autre côté. Au fur et à mesure que ces pages se déroulent, vous ne rencontrez pas seulement des mots; vous rencontrez une lumière directrice, une feuille de route méticuleusement élaborée pour vous guider à travers la structure labyrinthique du stress et de l'anxiété.

Dans un monde qui exige souvent plus qu'il ne donne, le voyage à travers ces chapitres devient une expérience transformatrice. Le récit n'est pas seulement une compilation d'anecdotes et de stratégies; c'est une conversation murmurée avec l'âme – une voix rassurante qui dit: « Vous n'êtes pas seul et il existe un chemin à parcourir

.6

Prise De Décision Altérée

Dans la cacophonie de nos lieux de travail modernes, le stress se cache tel un prédateur silencieux, attendant de se jeter sur notre tranquillité d'esprit et notre productivité. Dans mon livre « Comment gérer le stress et l'anxiété au travail », j'examine en profondeur les innombrables conséquences de l'ignorance de cet ennemi insidieux. Parmi eux, la prise de décision altérée s'impose comme un adversaire particulièrement redoutable, capable de faire des ravages tant sur le bien-être personnel que sur la réussite professionnelle.

C'est paradoxal mais indéniable: le stress, celui-là même qui nous oblige souvent à prendre des décisions hâtives, nuit également à notre capacité à le faire efficacement. Lorsque les hormones du stress inondent notre système, nos fonctions cognitives sont compromises. Soudain, la clarté de pensée nécessaire pour peser les options, prévoir les conséquences et faire des choix rationnels est obscurcie par un brouillard d'anxiété.

Les neurosciences offrent une explication convaincante à ce phénomène. Le stress chronique restructure le cerveau, en affectant particulièrement le cortex préfrontal, la région responsable des fonctions exécutives comme la prise de décision. Sous l'emprise du stress, les voies neuronales sont détournées par des instincts de survie primitifs, privilégiant le soulagement à court terme aux objectifs à long terme.

Considérez les implications dans une salle de conférence à haute pression ou dans un environnement de startup au rythme rapide. Ignorer le stress met non seulement en péril la performance individuelle mais compromet également la capacité de décision collective des équipes. Les choix critiques sont assombris par l'impulsivité ou l'indécision, conduisant à des résultats sous-optimaux et à des opportunités manquées.

Cependant, tout n'est pas perdu. Mon livre propose des stratégies pratiques pour atténuer l'impact du stress sur la prise de décision. Des techniques de pleine conscience aux stratégies de gestion du temps, chaque chapitre propose des étapes concrètes pour reprendre le contrôle des niveaux de stress et des processus de prise de décision.

En cultivant la conscience du moment présent, les individus peuvent apprendre à reconnaître les déclencheurs de stress et à réagir avec clarté plutôt que de réagir de manière impulsive. De simples exercices de pleine conscience intégrés aux routines quotidiennes peuvent améliorer considérablement la résilience décisionnelle.

La procrastination prospère souvent sur le terrain du stress. En mettant en œuvre des techniques efficaces de gestion du temps, telles que la priorisation et la délégation, les individus peuvent atténuer la pression qui contribue à une prise de décision altérée.

Reconnaître les signes de stress et rechercher le soutien de collègues, de mentors ou de conseillers professionnels n'est pas un signe de faiblesse mais de sagesse. La collaboration et la communication ouverte créent une culture dans laquelle le stress est reconnu et traité de manière proactive, renforçant ainsi les prouesses décisionnelles collectives.

Une prise de décision altérée est une conséquence redoutable de l'ignorance du stress sur le lieu de travail. Pourtant, armés de connaissances et de stratégies pratiques, les individus peuvent retrouver leur capacité à relever les défis avec clarté et confiance. Dans « Comment gérer le stress et l'anxiété au travail », j'invite les lecteurs à se lancer dans un voyage de découverte de soi et d'autonomisation,
où le stress n'est plus un saboteur silencieux mais un catalyseur de croissance et de résilience.

7

Relations Interpersonnelles Tendues

L'un des effets subtils mais profonds d'un stress incontrôlé est l'érosion de la communication au sein d'une équipe. À mesure que les niveaux de stress augmentent, les individus se concentrent davantage sur leurs propres défis, négligeant par inadvertance l'esprit de collaboration essentiel à un lieu de travail prospère. Le flux d'idées autrefois fluide cède la place à un échange décousu, laissant les membres de l'équipe se sentir isolés et sans soutien.

Considérez le lieu de travail comme une vaste mer, regorgeant de personnalités et de talents divers. Alors que le stress obscurcit l'horizon, un équipage autrefois harmonieux peut se retrouver à naviguer dans des eaux agitées de problèmes de communication et de tension.

L'un des principaux facteurs de stress au travail est la recherche incessante de la perfection, une quête qui peut mettre à rude épreuve les relations entre collègues et supérieurs. À travers des anecdotes vivantes et des exercices pratiques, ce livre vous guide vers un changement de mentalité, vous aidant à considérer les imperfections comme des opportunités de croissance plutôt que comme des sources de stress. En favorisant une culture de compréhension et de soutien, les équipes peuvent traverser la tempête ensemble et en ressortir plus fortes et plus résilientes.

S'appuyant sur la métaphore des mers agitées, le livre présente des techniques de pleine conscience adaptées au lieu de travail. En intégrant la pleine conscience dans les routines quotidiennes, les individus peuvent développer la capacité de gérer le stress avec grâce et résilience. Grâce à des exercices pratiques et à des guides étape par étape, vous apprenez à vous ancrer dans le moment présent, favorisant ainsi une meilleure communication et compréhension entre les membres de l'équipe.

En reconnaissant l'impact du stress sur nos relations professionnelles et en proposant des stratégies concrètes pour corriger le tir, ce livre se présente comme un guide transformateur pour créer des lieux de travail où les mers turbulentes sont traversées avec résilience, favorisant non seulement la croissance personnelle mais également l'établissement de liens durables entre collègues. Les conséquences de l'ignorance du stress s'étendent audelà de l'individu et s'infiltrent dans le tissu même de nos relations professionnelles. « Comment gérer le stress et l'anxiété au travail » se présente comme un phare de sagesse pratique, offrant aux lecteurs un parcours transformateur vers la création d'un lieu de travail où le stress est reconnu, géré et finalement vaincu, conduisant à

des relations interpersonnelles prospères et à une vie professionnelle plus harmonieuse.

QUATRIÈME PARTIE

Chapitre Des Échecs: Pièges Courants

Dans le chapitre crucial de « Échecs: pièges courants », démêlons la danse complexe entre le stress et le succès, exposant les traîtres. Ce chapitre sert de phare de sagesse pratique, éclairant le chemin pour triompher de la tourmente. À travers des exemples concrets et des stratégies concrètes, vous découvrirez comment naviguer dans les eaux turbulentes de l'échec, transformant les revers en tremplins vers l'épanouissement professionnel. Découvrez les secrets de la résilience, maîtrisez l'art de l'auto-compassion et voyez comment les leçons contenues dans chaque échec deviennent les éléments constitutifs d'une solide forteresse mentale. Ce chapitre est une feuille de route pour cultiver un état d'esprit qui non seulement défie le stress, mais l'exploite comme catalyseur de croissance, transformant les défis professionnels en opportunités de triomphe personnel et professionnel. Apprenez de ces pièges courants et vous serez sur la bonne voie pour maîtriser l'art de gérer le stress et l'anxiété au travail. Restez à l'écoute pour plus de sagesse dans le prochain chapitre.

8

Procrastination

Dans le vaste paysage des luttes personnelles et professionnelles, la procrastination apparaît comme un adversaire redoutable, jetant une ombre sur les ambitions et érodant les fondements du succès. Ce chapitre constitue un phare qui éclaire le chemin qui mène des profondeurs de la procrastination au sommet triomphant de la productivité.

La procrastination, saboteuse silencieuse, se cache souvent sous l'apparence d'un soulagement momentané. Cependant, derrière son allure trompeuse se cache un gouffre d'opportunités manquées et de potentiel inexploité.

Pour vaincre la procrastination, il faut d'abord comprendre ses racines. En approfondissant nos connaissances psychologiques, nous découvrons les causes: la peur de l'échec, le manque de motivation ou le caractère écrasant des tâches. Cette exploration de l'anatomie de la procrastination vous donne une conscience de soi, leur permettant de confronter de front leurs propres schémas.

La procrastination, qui revêt souvent l'apparence d'un soulagement momentané, cache sa véritable nature sous une façade de tranquillité. L'attrait trompeur de la procrastination devient un avertissement, vous incitant à reconnaître son infiltration subtile dans votre vie.

La connaissance seule ne suffit pas; des stratégies pratiques sont essentielles pour se libérer de l'emprise de la procrastination. Ce livre présente des outils pratiques, depuis les prouesses de gestion du temps de la technique Pomodoro jusqu'au pouvoir transformateur de la définition d'objectifs SMART. Ces stratégies deviennent les armes de votre arsenal pour chercher à reprendre le contrôle de votre productivité.

La procrastination conduit souvent à des revers, mais ce livre recadre les revers comme des tremplins vers la résilience. Les histoires réelles de personnes renommées, qui ont affronté et vaincu la procrastination, vous inciteront à considérer l'échec comme un tremplin vers la croissance plutôt que comme un obstacle insurmontable. La résilience devient l'armure qui protège contre l'impact de la procrastination.

Le voyage pour triompher de la procrastination implique d'adopter l'auto-compassion. Ce livre explore également comment comprendre ses limites et pratiquer le pardon de soi favorise un environnement interne stimulant. À travers des anecdotes d'individus qui ont réussi et qui ont appris à être gentils avec eux-mêmes, vous découvrirez le pouvoir transformateur de l'auto-compassion en tant que guide doux à travers les eaux turbulentes de la procrastination.

Chaque échec, y compris la procrastination, recèle de précieuses leçons. En déchiffrant les messages cachés des revers, vous apprenez à les transformer en éléments constitutifs d'une solide forteresse mentale. Je transmets l'art d'extraire la sagesse de l'échec, vous permettant ainsi d'évoluer personnellement et professionnellement. La procrastination, autrefois pierre d'achoppement, devient un catalyseur de croissance.

La procrastination s'entremêle souvent au stress, créant un cercle vicieux. Dévoile les secrets non seulement pour défier le stress, mais aussi pour l'exploiter comme catalyseur de croissance. Vous y découvrirez comment canaliser le stress pour en faire une force motrice, transformant les défis professionnels en opportunités de triomphe personnel et professionnel. Le stress devient un compagnon dans le voyage vers le triomphe, poussant les individus vers de nouveaux sommets.

J'espère que vous apprécierez cette feuille de route pour cultiver un état d'esprit qui prospère dans l'adversité. En vainquant la procrastination, vous améliorez non seulement votre productivité, mais vous renforcez également votre résilience mentale. Ce chapitre vous permet de naviguer dans les eaux turbulentes de l'échec, d'en ressortir plus fort et de transformer les revers en tremplins vers un succès durable.

9

Manque D'équilibre Travail-Vie Personnelle

Dans la quête incessante du succès, l'équilibre délicat entre le travail et la vie personnelle devient souvent une victime. Les conséquences de la négligence de l'équilibre entre vie professionnelle et vie privée sont considérables et tissent un formidable chapitre d'échecs dans le récit du bien-être d'un individu. À mesure que les exigences du travail s'intensifient et que la technologie brouille les frontières entre les sphères professionnelle et personnelle, les conséquences sur la santé mentale deviennent de plus en plus pénibles.

L'une des répercussions les plus palpables d'une équation déséquilibrée entre travail et vie personnelle est la montée du stress et de l'anxiété. La pression incessante pour respecter les délais, atteindre les objectifs et prouver constamment sa valeur sur la scène professionnelle peut conduire à un état de stress chronique. Cette exposition prolongée au stress affecte non seulement la santé mentale, mais se répercute également sur le bien-être physique, donnant lieu à de nombreux problèmes de santé, allant des troubles du sommeil aux problèmes cardiovasculaires.

Par ailleurs, la tension sur les relations personnelles est indéniable. Négliger le besoin de passer du temps de qualité avec la famille et les amis érode le fondement du soutien qui est crucial pour relever les défis de la vie. À mesure que le travail prend le dessus, les relations peuvent se

détériorer, laissant les individus isolés et épuisés émotionnellement. L'absence d'un système de soutien solide aggrave les conséquences mentales, créant un cercle vicieux qui mine encore davantage la capacité d'une personne à faire face au stress.

Sur le plan professionnel, les conséquences de la négligence de l'équilibre entre vie professionnelle et vie privée ne sont pas moins graves. L'épuisement professionnel devient une menace imminente à mesure que les individus se retrouvent pris dans un cycle perpétuel de surmenage et d'épuisement. La qualité du travail en souffre, la créativité diminue et la poursuite autrefois passionnée d'objectifs de carrière se transforme en une corvée monotone. À long terme, cela diminue le potentiel de croissance et de réussite professionnelle, car un esprit et un corps fatigués luttent pour donner le meilleur d'eux-mêmes. Les conséquences financières d'un manque d'équilibre entre vie professionnelle et vie privée sont souvent négligées. Même si la poursuite du succès peut sembler financièrement gratifiante à court terme, les conséquences néfastes sur la santé peuvent entraîner une augmentation des dépenses médicales et une diminution de la productivité globale. Le coût de la négligence du bien-être physique et mental d'une personne peut dépasser de loin les gains monétaires obtenus grâce à un dévouement incessant au travail.

Négliger l'équilibre entre vie professionnelle et vie privée constitue un formidable chapitre d'échecs, dont les conséquences imprègnent tous les aspects de la vie d'un individu. Les conséquences sur la santé mentale et physique, les relations tendues, la stagnation professionnelle et les répercussions financières dressent un tableau sombre du prix élevé payé pour le non-respect de l'importance de l'équilibre. Reconnaître l'importance de l'équilibre travail-vie personnelle n'est pas seulement un choix personnel mais un impératif stratégique pour la réussite et l'épanouissement à long terme. Il est maintenant temps de réécrire ce chapitre et de donner la priorité à une approche éprouvée de la vie, une approche où le succès ne se mesure pas uniquement par les réalisations professionnelles mais par le bien-être général de l'individu.

Cette transformation n'est pas seulement un choix personnel mais un impératif stratégique pour un épanouissement durable et une véritable prospérité.

En reconnaissant l'importance de l'équilibre travail-vie personnelle, vous pouvez atténuer les conséquences désastreuses de la négligence de votre bien-être. La première étape vers l'élaboration de ce nouveau chapitre consiste à reconnaître que le succès n'est pas uniquement défini par des jalons professionnels, mais qu'il est profondément lié à la santé mentale, physique et émotionnelle.

Donner la priorité à la santé mentale devient primordial à mesure que nous faisons face aux pressions du monde professionnel. Au lieu de succomber au stress et à l'anxiété chroniques, vous pouvez adopter des stratégies proactives telles que la pleine conscience, la méditation et des pauses régulières pour rajeunir votre esprit. Créer un environnement de travail qui favorise un état mental positif est tout aussi essentiel, favorisant la créativité, l'innovation et un sentiment d'épanouissement.

Entretenir des relations personnelles apparaît comme la pierre angulaire de cette approche éprouvée. Accorder du temps de qualité à la famille et aux amis renforce le système de soutien qui est crucial pour la résilience émotionnelle. En maintenant un équilibre sain entre vie professionnelle et vie privée, les individus renforcent non seulement leurs liens personnels, mais créent également une base solide pour relever les défis de la vie.

Sur le plan professionnel, la réussite prend une nouvelle dimension lorsque les individus donnent la priorité à leur bien-être global. Reconnaître les signes de l'épuisement professionnel et prendre des mesures proactives pour le prévenir devient essentiel. Équilibrer des objectifs professionnels ambitieux avec des mesures de soins personnels, telles que de l'exercice régulier et un repos adéquat, garantit une productivité et une créativité soutenues à long terme.

La réussite financière est également redéfinie dans cette optique. Investir dans la santé, tant physique que mentale, n'est pas une dépense mais un investissement judicieux qui rapporte des dividendes en termes d'augmentation de la productivité, de réduction des frais médicaux et d'une meilleure qualité de vie. Le coût de la négligence du bienêtre est bien plus élevé que tout gain financier à court terme, et les individus doivent recalibrer leurs priorités en conséquence.

Pour adopter cette approche de la vie, cela implique de réécrire votre chapitre de réussite, où la mesure de l'accomplissement s'étend au-delà des distinctions professionnelles. En donnant la priorité au bien-être mental, physique et émotionnel et en créant un récit de prospérité qui résonne à un niveau plus profond. Le succès n'est pas un sprint mais un voyage qui englobe toutes les facettes de la vie, et la prise de conscience de cette vérité ouvre la voie à un avenir épanouissant et durable. Il est temps de tracer
une nouvelle voie, une voie où la réussite est synonyme de vie harmonieuse et équilibrée.

10

Peur De L'échec

Pour saisir pleinement les complexités de cette peur, nous devons nous lancer dans un voyage à travers ses racines fondamentales, intimement tissées à partir des fils du perfectionnisme, du syndrome de l'imposteur et des pressions sociétales.

Le perfectionnisme, une quête incessante de la perfection, sert souvent de terrain fertile à la peur de l'échec. Les normes inaccessibles fixées par les perfectionnistes créent un courant sous-jacent constant d'anxiété, faisant de chaque effort une mine potentielle de lacunes. La peur de ne pas répondre à ces attentes irréalistes devient un spectre obsédant, sapant la créativité et étouffant l'innovation.

Le syndrome de l'imposteur, autre compagnon insidieux, convainc les individus qu'ils ne sont que de simples imposteurs dans leur domaine, qui ne méritent pas leurs succès. Cette perception déformée de ses capacités amplifie la peur de l'échec, car tout échec est perçu comme une confirmation du statut d'imposteur. La peur constante d'être dénoncé comme une fraude jette une ombre sur les réalisations, semant les graines d'une peur paralysante.

Les pressions sociétales, troisième fil conducteur de cette tapisserie complexe, contribuent à la peur de l'échec en imposant des critères externes de réussite. Qu'il s'agisse de normes sociétales, d'attentes familiales ou de normes culturelles, la peur de ne pas être à la hauteur aux yeux des autres devient une force puissante. La comparaison incessante avec les réalisations des autres favorise un environnement dans lequel l'échec est non seulement craint mais aussi stigmatisé.

Pour affronter de front la peur de l'échec, nous devons décortiquer son anatomie, en exposant ses vulnérabilités. Comprendre que l'échec fait partie intégrante du cheminement vers le succès est crucial. Plutôt que de le considérer comme une impasse, considérez-le comme un tremplin, une leçon précieuse qui propulse la croissance et le développement.

Acceptez l'échec comme une partie nécessaire et inévitable du voyage. En recadrant l'échec comme une opportunité d'apprentissage et de croissance, vous le privez de son pouvoir paralysant. Chaque revers devient une occasion de se recalibrer, de s'affiner et d'en ressortir plus fort.

Dans la danse complexe du développement personnel et professionnel, la peur de l'échec peut être un partenaire persistant, mais armée d'une compréhension plus profonde et de stratégies pratiques, elle devient un tremplin plutôt qu'une pierre d'achoppement. Le chemin vers le succès est semé d'embûches, mais c'est en surmontant ces défis que se forgent la véritable résilience et la croissance.

Remettez en question la définition conventionnelle du succès. Au lieu de considérer le succès comme une destination, considérez-le comme un voyage continu marqué par le progrès et l'évolution.

Déplacez votre attention de la validation externe vers l'exécution interne. Le succès doit être mesuré par votre croissance personnelle, vos valeurs et votre épanouissement plutôt que par des critères sociétaux. trouver de la joie dans les progrès progressifs.

Analysez les échecs comme des expériences d'apprentissage précieuses. Identifiez les leçons, compétences ou idées spécifiques tirées de chaque revers.

Abordez l'échec avec curiosité plutôt qu'avec peur. Demandez-vous: « Que puis-je apprendre de cela? » et utilisez les réponses pour affiner votre approche à l'avenir.

Entourez-vous d'un réseau de soutien qui encourage un dialogue ouvert sur les réussites et les échecs. Partagez vos expériences, vos peurs et vos leçons avec des mentors, amis ou collègues de confiance.

Recherchez des commentaires constructifs et utilisez-les comme un outil d'amélioration. La critique constructive est un tremplin vers le développement personnel et professionnel.

Passer de la prévention de l'échec à la célébration de la résilience. Reconnaissez le courage qu'il faut pour affronter les défis de front et la force de rebondir après les revers.

Construisez un récit qui met l'accent sur la résilience du voyage, créant un cadre positif qui renforce votre capacité à surmonter l'adversité.

Adopter une culture d'amélioration continue dans les sphères personnelle et professionnelle. Considérez chaque jour comme une opportunité d'apprendre, d'adapter et d'affiner votre approche.

Encouragez les autres à partager leurs échecs et leurs réussites, créant ainsi un état d'esprit collectif qui valorise la croissance plutôt que la perfection.

En adoptant ces stratégies, vous pouvez progressivement changer votre perspective sur l'échec. Considérez-le non pas comme une menace pour le succès, mais comme une partie intégrante du voyage vers la grandeur. Grâce à ce changement de paradigme, vous récupérez le pouvoir de définir le succès selon vos conditions, transformant l'échec d'une pierre d'achoppement en un tremplin vers une vie plus épanouissante et plus résiliente.

CINQUIÈME PARTIE

Créer Votre Histoire De Réussite

Avant de poursuivre la lecture de ce livre, laissez-moi vous parler de Michael, un aspirant entrepreneur, qui a fait face à de nombreux revers lors du lancement de sa startup technologique. Les défis de financement, les problèmes techniques et la concurrence sur le marché menaçaient la viabilité de son entreprise. Mais il n'a jamais reculé. Examinons les techniques qui lui font triompher

Adaptabilité: Michael est resté flexible, ajustant son modèle commercial en fonction des commentaires du marché et des tendances changeantes du secteur.

Résistance mentale: Il a développé une résilience mentale en restant concentré sur des objectifs à long terme, même face à des revers à court terme.

Construire un système de soutien: Michael s'est entouré d'un réseau de mentors, de conseillers et d'autres entrepreneurs qui lui ont fourni conseils et encouragements.

Résultat: Malgré les défis initiaux, la startup de Michael a non seulement survécu mais a prospéré. Sa résilience a non seulement sauvé son entreprise, mais l'a également positionnée pour un succès à long terme sur un marché hautement concurrentiel.

Construire votre histoire de réussite nécessite plus qu'une simple ambition: cela nécessite un plan bien structuré.

Votre réussite ne consiste pas seulement à atteindre le sommet de votre carrière; il s'agit du voyage que vous entreprenez pour y arriver. "Comment gérer le stress et l'anxiété au travail" est un guide pour élaborer votre récit de manière à vous protéger des vagues incessantes de stress. En comprenant le paysage, en définissant votre étoile polaire, en élaborant un plan bien structuré et en renforçant votre résilience, vous survivrez non seulement aux défis, mais vous en sortirez triomphant. Votre histoire de réussite attend d'être écrite et ce livre est votre boussole pour naviguer sur les mers professionnelles avec confiance et grâce.

Ce voyage ne consiste pas seulement à atteindre des sommets professionnels, mais également à vous protéger des mers tumultueuses du stress. Ensemble, nous élaborerons un plan bien structuré qui non seulement vous propulsera vers la réussite, mais servira également de point d'ancrage puissant, vous ancrant en période d'incertitude.

Le succès est un concept subjectif, et votre définition sera votre étoile polaire qui vous guidera. Découvrez les histoires de personnes qui ont surmonté le stress en alignant leurs objectifs sur leurs valeurs, tout comme Michael. En définissant votre objectif et vos aspirations, vous créez une base solide pour votre réussite.

Points clés à retenir:

L'état d'esprit est important: les individus résilients font souvent preuve d'un état d'esprit de croissance, considérant les défis comme des opportunités de développement personnel et professionnel.

Apprentissage continu: adopter un état d'esprit d'apprentissage continu et d'adaptabilité permet aux individus d'acquérir les compétences nécessaires pour prospérer dans des environnements dynamiques.

Soutien social: La création d'un système de soutien solide, comprenant des mentors, des pairs et des amis, peut fournir le soutien émotionnel et pratique nécessaire pour surmonter les défis.

Adaptabilité: La résilience est étroitement liée à la capacité d'une personne à s'adapter au changement. Ceux qui peuvent faire pivoter et ajuster leurs stratégies en réponse aux revers sont mieux placés pour réussir.

11

Comprendre Les Limites Personnelles

Dans notre quête incessante du succès, nous nous retrouvons souvent au bord de l'épuisement professionnel et de l'anxiété. La clé pour créer une réussite durable réside dans un aspect profond mais souvent négligé: la compréhension des limites personnelles.

Les limites personnelles sont les limites tacites qui définissent nos capacités physiques, émotionnelles et mentales. Ils sont dynamiques, influencés par la charge de travail, l'environnement et le bien-être général. Il est crucial de reconnaître les signes avant-coureurs du dépassement de ces limites. La fatigue, l'irritabilité et la baisse de productivité ne sont pas de simples' nuisances mais des signaux vitaux de notre corps et de notre esprit, qui nous poussent à faire une pause et à réfléchir.

Les dangers d'ignorer ces limites sont multiples. La négligence peut conduire à l'épuisement professionnel, à des maladies physiques, à des relations tendues et à un déclin de la créativité. Des anecdotes réelles et des études de cas font ressortir la dure réalité de ces conséquences, servant de mises en garde à ceux qui se trouvent sur la frontière ténue entre ambition et négligence de soi.

Fixer des limites est un art qui demande de la pratique et de l'engagement. La gestion du temps, la communication assertive et les pratiques de soins personnels sont des outils pratiques dans cet arsenal. Apprendre à dire « non » et à déléguer des tâches devient efficacement un puissant bouclier contre l'invasion du stress.

Pourtant, le chemin vers le succès ne consiste pas seulement à ériger des barrières; il s'agit de cultiver un état d'esprit d'auto-compassion. Accepter nos imperfections et nos limites est une étape fondamentale de ce processus. C'est grâce à l'auto-compassion que nous pouvons relever les défis avec grâce et résilience.

Comprendre les limites personnelles n'est pas un obstacle au succès mais son fondement même. De nombreux exemples témoignent d'individus qui ont réussi dans leur carrière tout en maintenant un sain équilibre travail-vie personnelle en respectant leurs limites. La magie ne se produit pas lorsque nous dépassons nos limites, mais lorsque nous exploitons leur sagesse inhérente.

La résilience devient notre alliée dans ce voyage transformateur. Les revers et les défis ne sont pas des obstacles mais des opportunités de croissance et d'apprentissage. En acceptant le flux et le reflux de la vie, nous découvrons que nos plus grands triomphes ne proviennent pas d'une quête incessante de plus, mais d'un engagement intentionnel et empathique avec nous-mêmes.

La conscience de soi est la base de tout voyage réussi. Comprendre vos forces, vos faiblesses et, surtout, vos limites personnelles est primordial. Reconnaître à quel point le stress se transforme en anxiété et entrave la productivité est la première étape vers une carrière réussie et durable.

L'une des approches les plus pratiques pour gérer le stress au travail consiste à apprendre à hiérarchiser efficacement les tâches. Reconnaissez que vous ne pouvez pas tout faire en même temps et que vous pouvez déléguer des responsabilités. Cela garantit non seulement un flux de travail plus fluide, mais évite également l'épuisement professionnel, vous permettant ainsi de canaliser votre énergie vers des tâches qui comptent vraiment.

Le succès ne doit jamais se faire au détriment de votre bienêtre. Trouver un équilibre sain entre vie professionnelle et vie privée n'est pas qu'un mot à la mode; c'est un élément crucial de la recette d'un succès durable. Comprenez quand vous déconnecter, vous détendre et vous concentrer sur vos activités personnelles. Un esprit reposé est un esprit productif, et reconnaître votre besoin de temps d'arrêt est un signe de force et non de faiblesse.

Les limites personnelles ne consistent pas à éviter complètement le stress; ils veulent y naviguer avec grâce. Dans mon livre, j'explore des mécanismes pratiques d'adaptation au stress adaptés aux préférences individuelles. Qu'il s'agisse de techniques de pleine conscience, d'exercices réguliers ou de passe-temps intéressants, comprendre ce qui fonctionne pour vous est essentiel pour maintenir l'équilibre face aux défis professionnels.

Dans « Mastering Success », je guide les lecteurs à travers un voyage transformateur, en soulignant que comprendre les limites personnelles n'est pas un signe de faiblesse mais une démarche stratégique vers un succès durable. En intégrant des informations pratiques et des stratégies concrètes, le livre donne aux individus les outils nécessaires pour naviguer dans les complexités du lieu de travail moderne, favorisant ainsi un cheminement de carrière plus sain et plus épanouissant. Il est temps de réécrire votre success story en maîtrisant l'art d'équilibrer ambition et bien-être personnel.

12

Fixer Des Objectifs Realists

Dans le monde trépidant d'aujourd'hui, où les carrières exigent un engagement et un dévouement sans faille, la quête du succès devient souvent un voyage tumultueux. Il ne s'agit pas seulement de gravir les échelons de l'entreprise ou d'atteindre des objectifs professionnels; il s'agit de préserver votre bien-être mental et émotionnel tout au long du chemin.

Dans l'agitation du lieu de travail moderne, le stress et l'anxiété sont devenus des compagnons indésirables pour beaucoup. Dans mon livre « Comment gérer le stress et l'anxiété au travail », j'aborde les subtilités de la création d'une histoire de réussite au milieu du chaos, en mettant l'accent sur le rôle essentiel de la définition d'objectifs réalistes.

Dans le monde en évolution rapide dans lequel nous vivons, il est facile de succomber à la pression d'attentes irréalistes. Nous nous retrouvons souvent empêtrés dans un réseau d'objectifs inaccessibles, favorisant le stress et l'anxiété qui menacent de nuire à notre bien-être professionnel. L'antidote? Fixer des objectifs réalistes qui non seulement vous font avancer, mais constituent également le fondement de votre récit de réussite. L'une des leçons fondamentales que je partage est l'importance d'aligner vos aspirations sur vos capacités. Il est essentiel de reconnaître que même si l'ambition favorise la réussite, se fixer des objectifs trop ambitieux peut vous exposer à la déception. Viser les étoiles est louable, mais reconnaître les étapes nécessaires pour les atteindre est tout aussi crucial. L'aspect pratique devient la boussole qui vous guide dans le labyrinthe du stress au travail.

Dans le livre, je vous propose des stratégies concrètes pour évaluer leur charge de travail actuelle, leurs compétences et leurs capacités de gestion du temps. En procédant à une auto-évaluation approfondie, les individus peuvent identifier les domaines dans lesquels des objectifs réalistes peuvent être établis. Cette approche favorise non seulement un sentiment de contrôle, mais permet également aux individus de relever les défis du lieu de travail avec un état d'esprit clair et ciblé.

Un autre aspect clé exploré dans le livre est l'art de décomposer des objectifs plus vastes en tâches gérables. Au lieu de se concentrer sur l'énormité d'un projet, les lecteurs sont encouragés à le diviser en étapes plus petites et plus réalisables. Cela atténue non seulement le caractère écrasant de la tâche à accomplir, mais fournit également une feuille de route pour progresser. Comme le dit le proverbe: « Comment mange-t-on un éléphant? Une bouchée à la fois ». De même, relever progressivement les défis professionnels est la clé d'un succès durable.

Le livre souligne l'importance de fixer non seulement des objectifs de résultats mais également des objectifs de processus. Alors que les objectifs de résultat définissent la destination finale, les objectifs de processus décrivent les étapes concrètes nécessaires pour y parvenir. Cette double approche favorise un sentiment d'accomplissement à chaque étape, renforçant la conviction que le succès est un voyage et pas seulement une destination.

De plus, en reconnaissant que les plans peuvent nécessiter des ajustements, les individus peuvent maintenir leur équilibre face à des défis inattendus.

En fin de compte, le livre sert de guide aux personnes cherchant à reprendre le contrôle de leur vie professionnelle. En adoptant la philosophie consistant à fixer des objectifs réalistes, vous pouvez non seulement atténuer le stress et l'anxiété au travail, mais également ouvrir la voie à un parcours professionnel épanouissant et triomphant.

13

Importance De Célébrer Les Petites Victoires

Dans l'agitation chaotique de la vie professionnelle moderne, où le stress et l'anxiété se cachent à chaque coin de rue, mon livre, « Comment gérer le stress et l'anxiété au travail », révèle un ingrédient crucial souvent négligé sur le chemin du succès célébrer les petites victoires. Alors que nous nous embarquons ensemble dans ce voyage de transformation, découvrons l'importance de reconnaître et de se réjouir des victoires apparemment mineures qui ouvrent la voie à l'élaboration de votre histoire de réussite.

Les défis de la vie peuvent être insurmontables, surtout dans un monde où les exigences professionnelles évoluent rapidement. J'insiste sur l'idée que le succès ne se mesure pas uniquement par de grandes réalisations ; il s'agit plutôt du point culminant de petits triomphes qui jettent les bases d'une carrière sans stress et épanouissante.

Imaginez un jour où les délais se profilent de façon inquiétante et où le poids des responsabilités menace de vous enfoncer. Il est facile de se laisser emporter par l'énormité des tâches à accomplir, mais c'est là que réside le secret : célébrer les petites victoires. Accomplir une tâche difficile, respecter un délai ou même surmonter un moment d'anxiété sont des victoires qui méritent d'être reconnues. Reconnaître et célébrer ces petits triomphes procure un sentiment d'accomplissement, remonte le moral et insuffle la confiance nécessaire pour faire face à des défis plus importants.

La praticité est au cœur de mon approche. Je me penche sur des stratégies concrètes pour vous aider à identifier et à célébrer efficacement vos petites victoires. De la définition d'objectifs réalistes à la création d'un système de récompense personnalisé, mon livre vous guide tout au long du processus de culture d'un état d'esprit qui apprécie le voyage autant que la destination.

De plus, je m'appuie sur des exemples réels et des études de cas, illustrant comment les individus qui maîtrisent l'art de célébrer les petites victoires ont non seulement vaincu le stress et l'anxiété, mais se sont également propulsés vers de nouveaux sommets dans leur carrière. Ces histoires servent de phares d'inspiration, mettant en valeur le pouvoir transformateur de la reconnaissance des progrès, aussi modestes soient-ils.

L'un des principaux points à retenir de mon livre est la culture d'une boucle de rétroaction positive. En célébrant les petites victoires, vous renforcez un comportement positif, créant ainsi un cycle de réussite qui vous propulse vers l'avant. Ce renforcement positif atténue non seulement le stress et l'anxiété, mais favorise également un état d'esprit résilient, essentiel pour relever les défis du monde professionnel.

L'importance de célébrer les petites victoires ne peut être surestimée dans le contexte de l'élaboration de votre histoire de réussite, en particulier dans le domaine du stress et de l'anxiété au travail. Ce livre n'est pas seulement un guide ; c'est un compagnon dans votre cheminement vers une carrière équilibrée, réussie et épanouissante, où chaque petite victoire est un tremplin vers un avenir meilleur.

SIXIÈME PARTIE

17 Techniques Éprouvées Pour Un Lieu De Travail Sans Stress

Dans ce guide, nous explorerons 17 stratégies concrètes et techniques éprouvées de tous les temps pour transformer votre lieu de travail en une zone sans stress. À travers des exemples concrets et des exercices pratiques, vous découvrirez comment reprendre le contrôle de votre vie et créer un environnement de travail plus apaisé et épanouissant.

Stratégie 1: Matins conscients

Commencez votre journée avec intention et pleine conscience. Au lieu de vous précipiter dans vos tâches professionnelles, réservez les 15 premières minutes pour une routine matinale consciente. Cela peut inclure des exercices de respiration profonde, une courte méditation ou simplement une tasse de thé en silence. En commençant votre journée avec un état d'esprit calme et concentré, vous donnez le ton pour une expérience de travail sans stress.

Exemple concret:

Pamela, responsable marketing, a mis en place des matinées de pleine conscience en passant quelques minutes chaque matin dans son bureau avec de la musique douce et une bougie parfumée. Cette pratique simple l'a aidée à aborder ses tâches avec un esprit clair et à améliorer sa productivité globale.

Exercice:

Essayez d'intégrer une activité de pleine conscience de 5 minutes à votre routine matinale pour la semaine prochaine.

Observez l'impact sur votre humeur et votre productivité.

Stratégie 2: prioriser et déléguer

Le stress vient souvent du sentiment d'être dépassé par une liste de choses à faire sans fin. Prenez le contrôle en hiérarchisant les tâches en fonction de leur urgence et de leur importance. Apprenez à déléguer des responsabilités aux membres de l'équipe et faites confiance à leurs capacités. Cette stratégie allège non seulement votre charge de travail, mais favorise également un environnement de travail collaboratif et solidaire.

Exemple concret:

John, chef de projet, a commencé à utiliser des outils de gestion de projet pour prioriser les tâches et déléguer les responsabilités aux membres de l'équipe. Cela a rationalisé le flux de travail et réduit le stress associé à la gestion simultanée de plusieurs projets.

Exercice:

Créez une liste de vos tâches quotidiennes et hiérarchisezles en fonction de leur urgence et de leur importance. Identifiez une tâche qui peut être déléguée à un collègue et donnez-lui les moyens de s'enapproprier.

Stratégie 3: ruptures et limites

Évitez l'épuisement professionnel en intégrant des pauses régulières dans votre journée. Fixez des limites pour protéger votre temps personnel et empêcher le travail de s'infiltrer dans vos soirées et vos week-ends. Une dynamique travail-vie privée bien équilibrée est essentielle au maintien du bien-être mental et émotionnel.

Exemple concret:

Andriana, une développeuse de logiciels, a mis en œuvre la technique Pomodoro (développée par Francesco Cirillo à la fin des années 1980), en prenant de courtes pauses toutes les 25 minutes. Cela a non seulement amélioré sa concentration, mais a également évité l'épuisement professionnel en lui assurant de prendre des pauses régulières tout au long de la journée.

Exercice:

Essayez de prendre de courtes pauses pendant votre journée de travail. Utilisez un minuteur pour structurer vos pauses et observez l'impact sur votre niveau d'énergie et votre concentration.

Stratégie 4: Communication ouverte

Créez une culture de travail solidaire en favorisant une communication ouverte. Encouragez les membres de l'équipe à exprimer librement leurs préoccupations et leurs idées. Réglez les conflits rapidement et de manière constructive. Un lieu de travail où chacun se sent entendu et valorisé est moins susceptible d'être une source de stress.

Exemple concret:

Michael, un chef d'équipe, a institué des réunions d'équipe régulières pour discuter ouvertement des défis et des réussites. Cela a créé une culture de transparence et de collaboration, réduisant le stress associé aux problèmes non résolus.

Exercice:

Entamez une conversation avec un collègue sur un défi lié au travail. Pratiquez l'écoute active et travaillez ensemble pour trouver une solution.

Stratégie 5: Gratitude et célébration

Cultivez un environnement de travail positif en exprimant votre gratitude pour les réalisations, grandes et petites. Célébrez les jalons et reconnaissez les efforts des membres de votre équipe. Une culture d'appréciation peut réduire considérablement le stress et favoriser un sentiment d'accomplissement.

Exemple concret:

Jessica, une manager, a introduit une séance de gratitude hebdomadaire au cours de laquelle les membres de l'équipe partageaient leurs réalisations. Ce rituel simple a créé une atmosphère positive et renforcé les liens au sein de l'équipe.

Exercice:

À la fin de chaque semaine, prenez quelques minutes pour réfléchir et partager une chose pour laquelle vous êtes reconnaissant au travail. Encouragez vos collègues à faire de même.

Stratégie 6: Détox technologique

Une connectivité constante peut contribuer au stress. Mettez en œuvre une désintoxication technologique en planifiant des périodes de travail ininterrompu, en désactivant les notifications non essentielles et en établissant des routines de vérification des e-mails. Adoptez la technologie comme un outil d'efficacité plutôt que comme une source constante de distraction.

Exemple concret:

David, coordinateur de projet, a réservé des horaires spécifiques pour un travail ciblé sans aucune distraction numérique. Cela lui a permis d'accomplir ses tâches plus efficacement et de réduire l'anxiété causée par les interruptions constantes.

Exercice:

Sélectionnez deux heures dans votre journée de travail pour désactiver les notifications et vous concentrer uniquement sur une tâche critique. Réfléchissez à l'impact que cela a sur votre concentration et votre niveau de stress.

Stratégie 7: Espace de travail personnalisé

Créez un espace de travail qui favorise le confort et la productivité. Personnalisez votre bureau avec des objets significatifs, incorporez des plantes et optimisez l'éclairage pour créer un environnement agréable. Un espace de travail bien organisé et visuellement attrayant peut influencer positivement votre humeur et réduire le stress.

Exemple concret:

Maria, graphiste, a ajouté des œuvres d'art et des plantes à son espace de travail, le transformant en un espace dynamique et inspirant. Ce simple changement a amélioré sa satisfaction globale au travail et réduit son stress.

Exercice:

Améliorez votre espace de travail avec un élément personnalisé. Il peut s'agir d'une plante, d'une photographie encadrée ou d'une citation inspirante. Observez l'impact sur votre humeur au cours de la semaine prochaine.

Stratégie 8: Apprenez à dire non

Fixer des limites est crucial pour maintenir un équilibre sain entre vie professionnelle et vie privée. Entraînez-vous à dire non aux tâches ou aux engagements qui dépassent vos capacités. Donnez la priorité à votre bien-être et reconnaissez que dire non est une étape proactive vers la prévention de l'épuisement professionnel.

Exemple concret:

Chris, directeur commercial, a appris à évaluer sa charge de travail de manière réaliste et à refuser poliment des tâches supplémentaires lorsqu'il se sentait dépassé. Cela lui a permis de se concentrer sur des tâches hautement prioritaires et de maintenir un équilibre travail-vie personnelle plus sain.

Exercice:

Identifiez une tâche ou un engagement que vous pouvez raisonnablement refuser. Entraînez-vous à communiquer votre décision avec assurance et observez comment elle affecte votre niveau de stress.

Stratégie 9: blocage du temps

Organisez votre journée de travail en plages horaires dédiées à des tâches spécifiques. Cette technique aide à gérer efficacement le temps, évite le multitâche et garantit une attention concentrée sur une tâche à la fois. En minimisant les distractions, vous améliorez la productivité et réduisez le stress.

Exemple concret:

Emma, créatrice de contenu, a adopté le blocage du temps pour allouer des périodes spécifiques à la recherche, à la rédaction et à l'édition. Cette méthode a considérablement amélioré son flux de travail et réduit le stress associé au changement constant de tâches.

Exercice:

Expérimentez le blocage du temps pendant un jour ou deux. Créez des blocs dédiés pour différents types de tâches et évaluez leur impact sur votre productivité et votre niveau de stress.

Stratégie 10: Pauses pour l'activité physique Intégrez de courtes pauses d'activité physique à votre journée de travail. Qu'il s'agisse d'étirements, d'une marche rapide ou d'exercices au bureau, l'activité physique augmente les niveaux d'énergie, réduit les tensions et améliore le bien-être général.

Exemple concret:

Tom, un chef de bureau, a encouragé les employés à prendre des pauses de 5 minutes toutes les heures. Cela a non seulement amélioré la santé physique, mais a également créé une atmosphère positive et énergique sur le lieu de travail.

Exercice:

Planifiez une pause de 5 minutes pendant votre journée de travail. Observez l'impact sur votre niveau d'énergie et votre concentration.

Stratégie 11: Apprentissage continu et développement des compétences

Investissez du temps dans l'apprentissage continu et le développement des compétences. Cela améliore non seulement votre croissance professionnelle, mais procure également un sentiment d'accomplissement et de contrôle. Relever les défis dans un esprit de croissance peut avoir un impact positif sur votre résilience au stress au travail.

Exemple concret:

Olivia, une développeuse de logiciels, s'est inscrite à des cours en ligne pour améliorer ses compétences en codage. Cette approche proactive a non seulement renforcé sa confiance, mais a également modifié sa perception des défis, en les transformant en opportunités de croissance plutôt qu'en facteurs de stress.

Exercice:

Identifiez une compétence que vous aimeriez développer et explorez les ressources d'apprentissage pertinentes. Consacrez une petite partie de votre temps chaque semaine à l'amélioration des compétences. ***Stratégie 12:*** Réseaux de soutien social

Cultivez des relations positives au travail en favorisant une atmosphère de soutien et de collaboration. Créez des opportunités d'activités de consolidation d'équipe, encouragez une communication ouverte et établissez des programmes de mentorat. Un réseau de soutien solide peut constituer un puissant tampon contre le stress au travail.

Exemple concret:

Mark, un chef d'équipe, a lancé des activités mensuelles de consolidation d'équipe pour renforcer les liens entre les membres de l'équipe. Cela a créé un sentiment d'unité et de soutien, réduisant le stress et favorisant un environnement de travail positif.

Exercice:

Organisez une activité de consolidation d'équipe ou lancez une discussion d'équipe informelle pour renforcer les liens.

Réfléchissez à la façon dont cela influence positivement l'atmosphère globale de travail. ***Stratégie 13:*** Affirmations positives

Intégrez des affirmations positives à votre routine quotidienne pour favoriser un état d'esprit positif. Créez des affirmations personnalisées axées sur vos forces, vos réalisations et votre résilience. Répétez-les pendant les moments de stress pour changer de perspective et renforcer votre confiance.

Exemple concret:

Alexandra, coordinatrice de projet, a commencé sa journée en affirmant sa capacité à relever les défis. Cette pratique simple l'a aidée à conserver une attitude positive et à gérer plus efficacement les situations stressantes.

Exercice:

Créez trois affirmations positives qui vous intéressent. Répétez-les quotidiennement, en particulier pendant les moments difficiles, et observez leur impact sur votre état d'esprit.

Stratégie 14: Flexibilité et adaptabilité

Cultivez un état d'esprit de flexibilité et d'adaptabilité pour faire face aux défis imprévus. Acceptez le changement comme une opportunité de croissance plutôt que comme une source de stress. Développez la capacité de pivoter et d'ajuster votre approche si nécessaire.

Exemple concret:

Daniel, responsable marketing, a appris à considérer les changements inattendus comme des opportunités d'innovation. Ce changement de mentalité a non seulement réduit sa résistance au changement, mais lui a également permis de diriger son équipe plus efficacement lors des transitions.

Exercice:

Identifiez un changement récent dans votre environnement de travail et réfléchissez à la façon dont vous l'avez abordé. Envisagez des perspectives alternatives et des stratégies d'adaptabilité pour une réponse plus positive à l'avenir.

Stratégie 15: Pauses ciblées

Au lieu de parcourir sans réfléchir les réseaux sociaux pendant les pauses, participez à des activités utiles qui rechargent votre énergie. Qu'il s'agisse de lire un court article, d'écouter de la musique apaisante ou de pratiquer des exercices de respiration profonde, les pauses intentionnelles contribuent à un environnement de travail plus détendu et concentré.

Exemple concret:

Greg, un représentant du service client, a remplacé les pauses sur les réseaux sociaux par de courts exercices de pleine conscience. Ce changement a non seulement amélioré sa clarté mentale, mais a également amélioré sa capacité à traiter les demandes des clients avec patience.

Exercice:

Expérimentez avec une activité de pause ciblée pendant une semaine. Choisissez quelque chose qui vous apporte de la joie ou de la détente et observez l'impact sur votre bien-être général.

Stratégie 16: Culture de rétroaction constructive

Établissez une culture de feedback constructif au sein de votre équipe ou de votre organisation. Encouragez une communication ouverte et honnête qui se concentre sur l'amélioration plutôt que sur la critique. Les commentaires constructifs favorisent le développement personnel et professionnel, réduisant le stress associé à l'incertitude ou au manque d'orientation.

Exemple concret:

Sophie, chef d'équipe, a mis en place des séances de feedback régulières pour créer une culture d'amélioration continue. Cette approche a permis aux membres de l'équipe de se développer professionnellement et de minimiser le stress lié à l'incertitude.

Exercice:

Initiez une séance de feedback avec un collègue, en vous concentrant sur des points constructifs et réalisables. Entraînez-vous à donner et à recevoir des commentaires pour renforcer l'atmosphère de collaboration. **Stratégie 17:** Journées de désintoxication numérique

Désignez des jours ou des périodes spécifiques pour la désintoxication numérique afin de vous déconnecter de la communication liée au travail. Cette pratique aide à prévenir l'épuisement professionnel, améliore l'équilibre travail-vie personnelle et permet une véritable détente pendant les congés.

Exemple concret:

Robert, chef de projet, a instauré une « journée détox numérique » toutes les deux semaines. Ces jours-là, il s'abstenait de consulter ses e-mails et ses messages professionnels, créant ainsi une frontière claire entre le travail et le temps personnel.

Exercice:

Choisissez un jour dans le mois à venir pour une détox numérique. Communiquez votre décision à vos collègues, définissez des notifications d'absence du bureau et déconnectez-vous complètement des plateformes numériques liées au travail.

Avec ce guide pour cultiver un lieu de travail sans stress. N'oubliez pas que la création d'un environnement de travail positif est un processus continu et que chaque stratégie contribue à une vie professionnelle plus équilibrée et épanouissante. Adoptez ces techniques, adaptez-les à votre situation de travail unique et profitez du voyage transformateur vers un lieu de travail sans stress et responsabilisant.

Dans ce voyage vers la création d'un lieu de travail sans stress, nous avons exploré une myriade de stratégies et de techniques visant à vous permettre de reprendre le contrôle de votre vie professionnelle. Des matinées de pleine conscience aux journées de détox numérique, chaque stratégie est un tremplin vers un environnement de travail plus équilibré et épanouissant.

N'oubliez pas que transformer votre lieu de travail en une zone sans stress n'est pas un effort du jour au lendemain, mais plutôt un processus continu de découverte de soi et de croissance. Adoptez ces stratégies, adaptez-les à votre situation particulière et abordez chaque journée avec intention et pleine conscience.

Lorsque vous mettez en œuvre ces techniques, gardez à l'esprit que de petits changements cohérents peuvent conduire à des transformations importantes. Célébrez vos progrès, apprenez de vos échecs et donnez toujours la priorité à votre bien-être. En favorisant une communication ouverte, en faisant preuve de flexibilité et en entretenant une culture de travail favorable, vous améliorerez non seulement votre propre expérience professionnelle, mais contribuerez également à un lieu de travail plus harmonieux et productif pour chacun.

Alors, faites le premier pas aujourd'hui. Choisissez une stratégie à mettre en œuvre et engagez-vous sans réserve. Alors que vous vous lancez dans ce voyage vers un lieu de travail sans stress, puissiez-vous trouver de la joie, de l'épanouissement et un sens renouvelé du but dans votre vie professionnelle.

FAQ

1.   Ces techniques peuvent-elles être appliquées dans n'importe quel cadre professionnel?

Absolument! Que vous travailliez en entreprise, que vous soyez indépendant ou que vous poursuiviez l'entrepreneuriat, les principes abordés ici sont universellement applicables.

2.   Combien de temps faut-il pour voir les résultats de ces stratégies?

Les résultats peuvent varier, mais la cohérence est essentielle. Certaines techniques génèrent des avantages immédiats, tandis que d'autres peuvent prendre du temps avant de manifester des changements positifs.

3.   Est-il possible de surmonter l'anxiété sans changer d'emploi?

Oui, l'accent est mis sur la fourniture aux individus d'outils pour gérer le stress dans leur contexte professionnel actuel.

4.   Ces techniques sont-elles adaptées aux professionnels débutants?

Certainement! Les stratégies présentées s'adressent aux professionnels à toutes les étapes de leur carrière, y compris ceux qui débutent.

5.   Ces techniques peuvent-elles être appliquées en dehors du lieu de travail?

Absolument! De nombreuses stratégies discutées ici sont transférables à la vie personnelle et contribuent au bien-être général.

CONCLUSION

Félicitations pour avoir terminé la première phase de ce voyage sur la façon de gérer le stress et l'anxiété au travail. Vous avez désormais acquis des connaissances précieuses sur la reconnaissance des effets néfastes du stress lié au travail et l'adoption de mesures proactives pour le combattre.

Tout au long de ce guide, nous avons exploré la nature multiforme du stress au travail et son impact omniprésent sur la réussite professionnelle et le bien-être personnel. Des cultures de travail toxiques à l'effet boule de neige d'expériences professionnelles infructueuses, nous avons mis en lumière les différentes facettes de cette question complexe.

Cependant, chaque défi recèle une opportunité de croissance et de transformation. Les 17 techniques présentées ici servent de phares d'espoir, offrant des stratégies pratiques pour traverser les tempêtes de stress et en sortir plus fort de l'autre côté.

En intégrant la pleine conscience et la méditation dans les routines quotidiennes, en maîtrisant l'art de la gestion du temps et en cultivant un état d'esprit positif, les individus peuvent progressivement dénouer les nœuds d'anxiété qui les lient. Adopter des habitudes saines, rechercher le soutien de ses pairs et créer un environnement de travail propice sont des étapes cruciales pour favoriser la résilience et la paix intérieure.

Mais le point le plus important à retenir de ce guide est peutêtre le rappel qu'au milieu du chaos des délais et des exigences, il est essentiel de donner la priorité aux soins personnels et au bien-être. Atteindre un équilibre sain entre vie professionnelle et vie privée n'est pas un luxe réservé à quelques-uns; c'est un droit fondamental que tout le monde mérite.

Alors que nous concluons ce voyage, n'oubliez pas que le chemin vers une vie professionnelle sans stress ne consiste pas à éliminer les défis, mais à développer la résilience et les mécanismes d'adaptation nécessaires pour les surmonter avec grâce et sang-froid. Il s'agit de trouver l'harmonie au milieu du chaos et de cultiver un sentiment de calme intérieur qui transcende les circonstances extérieures.

Alors, alors que vous vous lancez dans le prochain chapitre de votre parcours professionnel, emportez avec vous les leçons apprises ici. Considérez chaque défi comme une opportunité de croissance et rappelez-vous que vous détenez le pouvoir de façonner votre destin. Avec de la détermination, de la persévérance et une touche d'amourpropre, vous pouvez vaincre le stress et l'anxiété au travail, ouvrant ainsi la voie à un avenir meilleur et plus épanouissant.

Cher Lecteur,

Merci de vous être lancé dans ce voyage avec moi à travers les pages de « Comment gérer le stress et l'anxiété au travail ». Alors que nous approchons de la conclusion de la première phase de notre exploration de la lutte contre les défis du lieu de travail moderne, je tiens à exprimer ma gratitude pour votre engagement envers l'amélioration personnelle et le bien-être.

Restez à l'écoute pour la conclusion de notre livre, où nous relierons tous les fils dont nous avons discuté et fournirons une feuille de route pour avancer avec confiance et résilience. Ensemble, nous découvrirons les secrets d'une vie professionnelle plus saine et plus heureuse.

D'ici là, gardez la foi, restez fort et rappelez-vous que vous êtes capable de surmonter n'importe quel obstacle qui se présente à vous.

Cordialement,

ELLA GREEN

SUIVI DES PROGRÈS

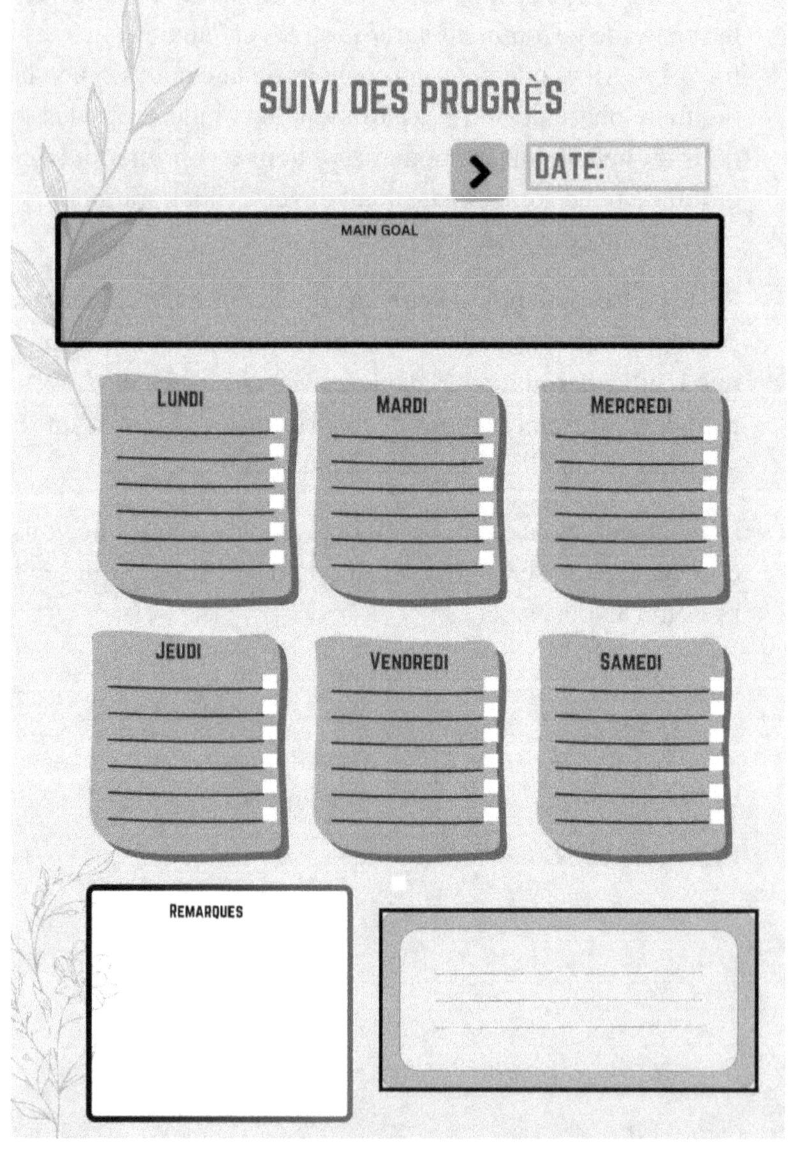

SUIVI DES PROGRÈS

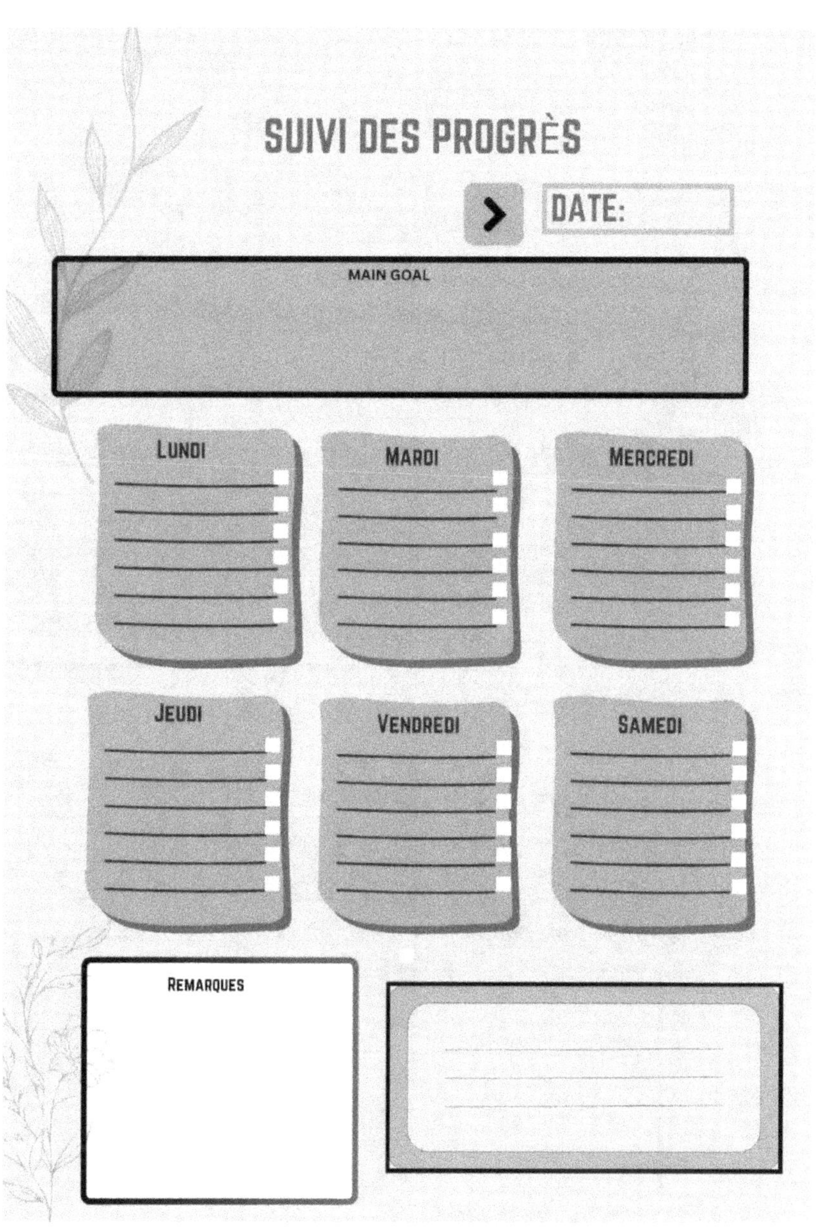

SUIVI DES PROGRÈS

DATE:

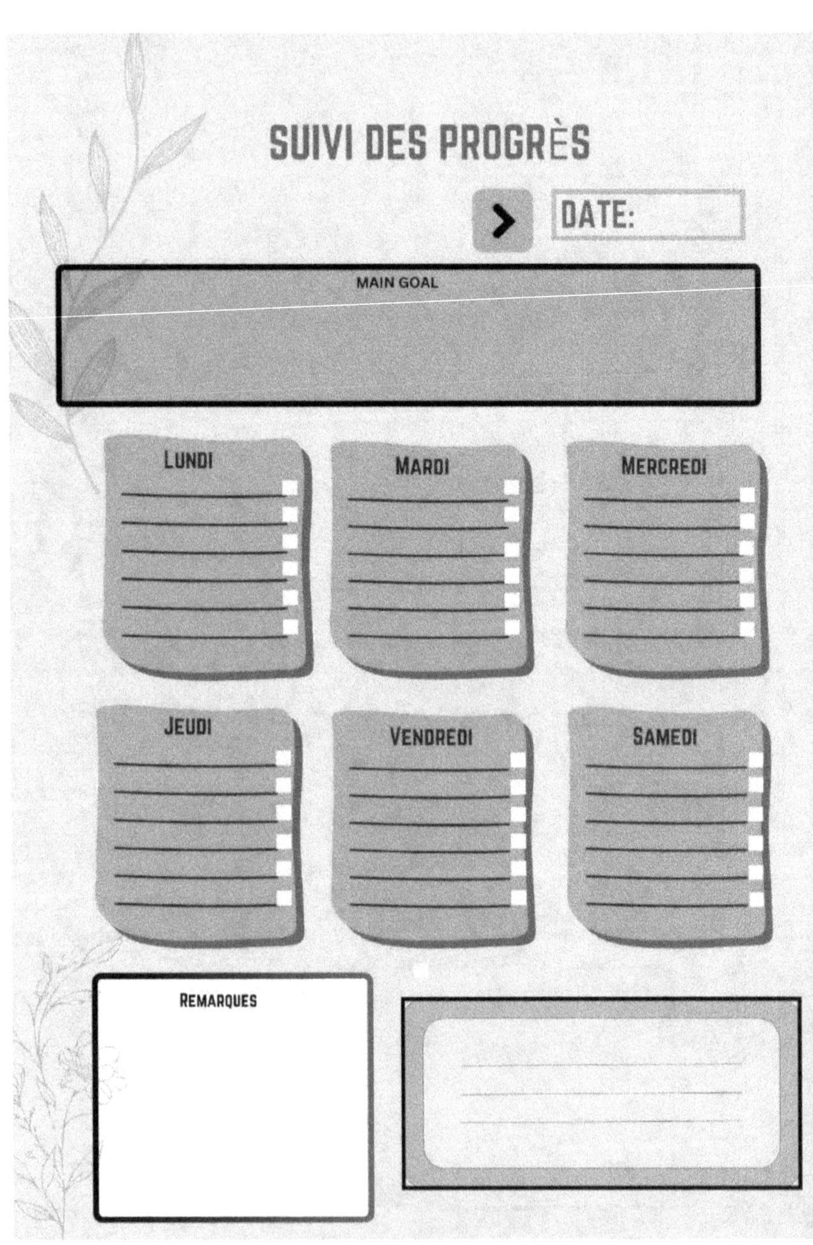

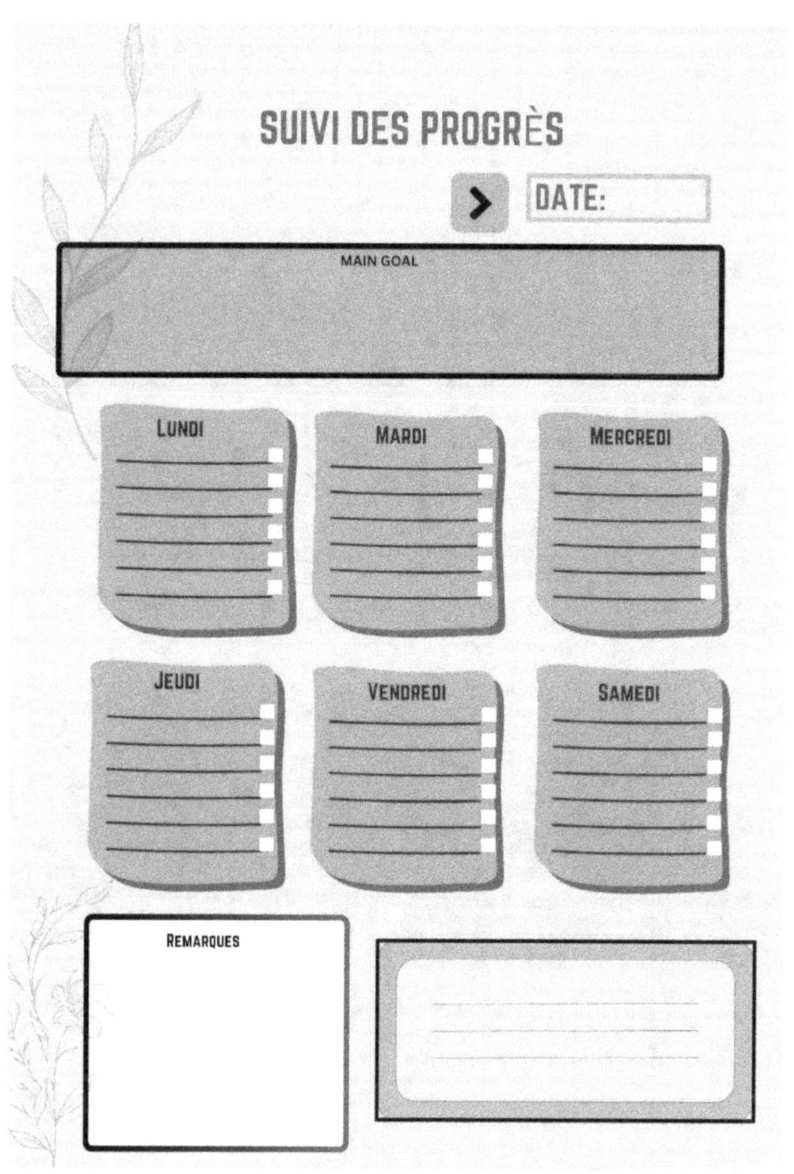

SUIVI DES PROGRÈS
DATE:
MAIN GOAL
LUNDI
MARDI
MERCREDI
JEUDI
VENDREDI
SAMEDI
REMARQUES

SUIVI DES PROGRÈS

> **DATE:**

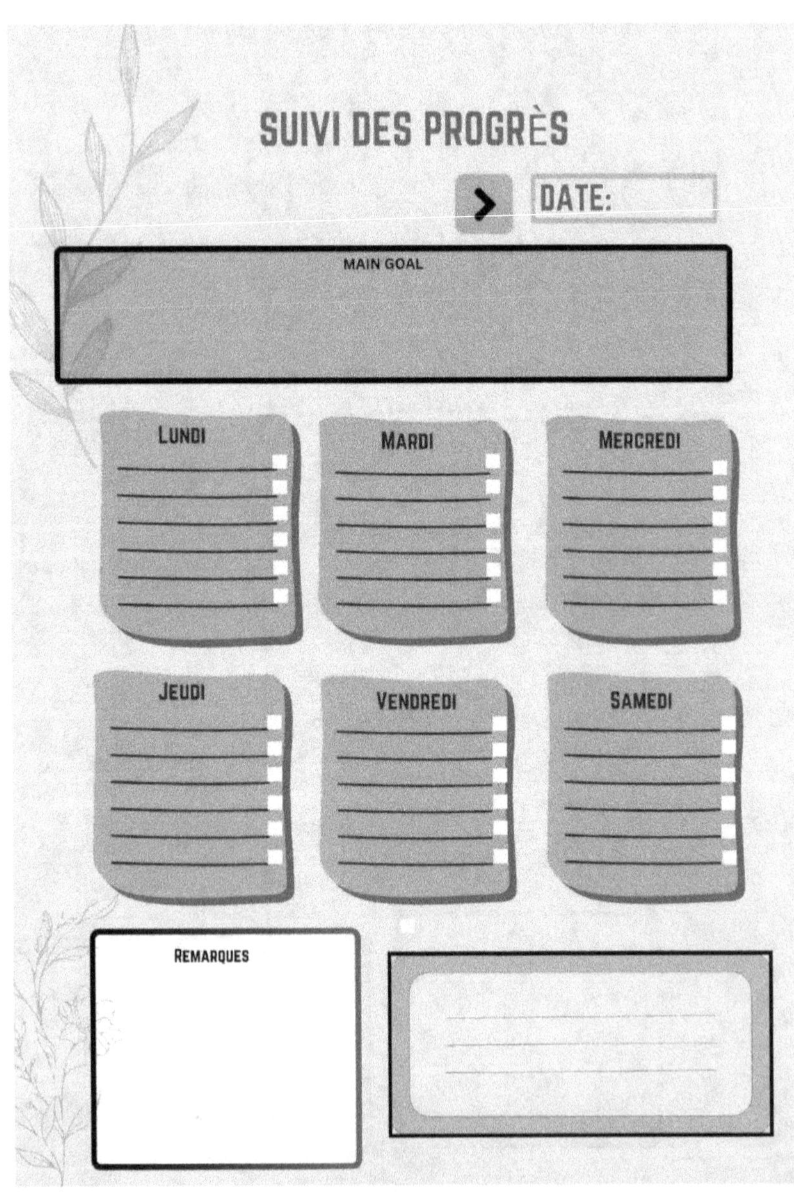

SUIVI DES PROGRÈS

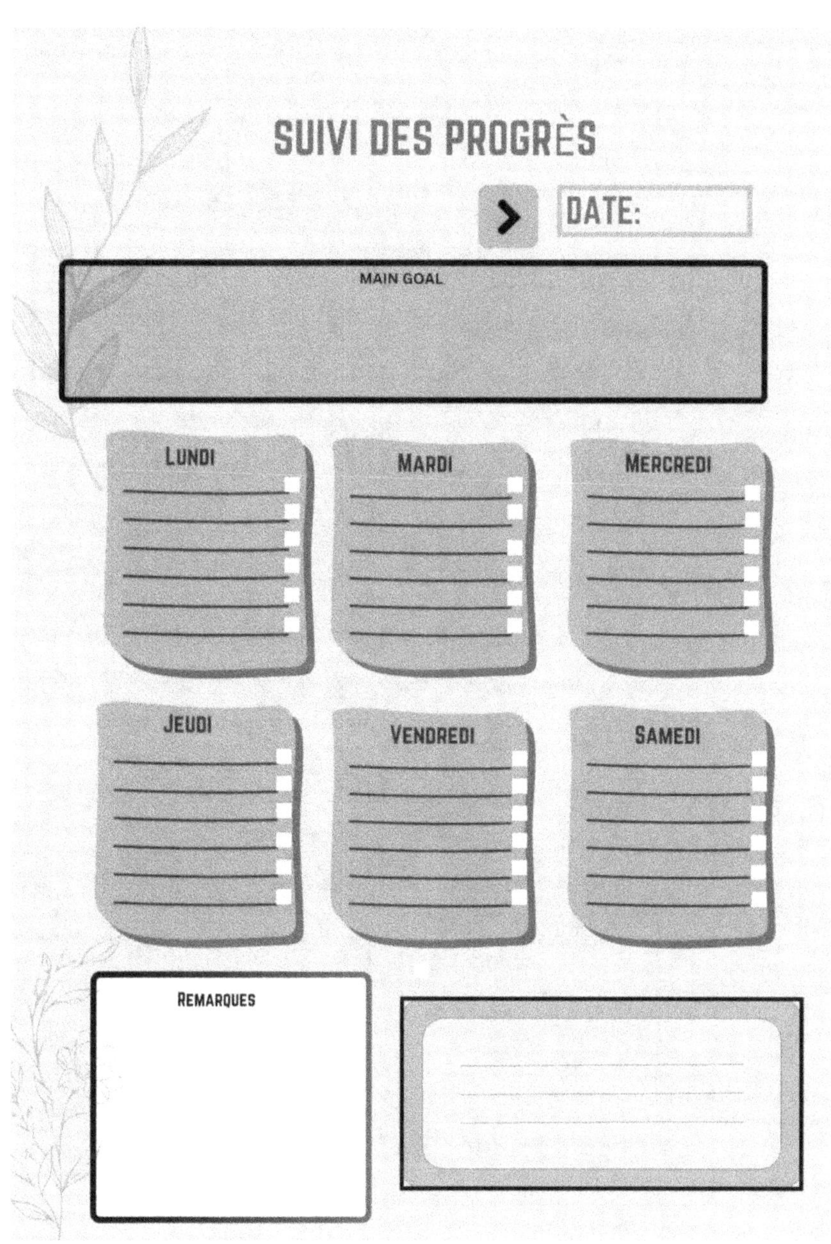

SUIVI DES PROGRÈS

> DATE:

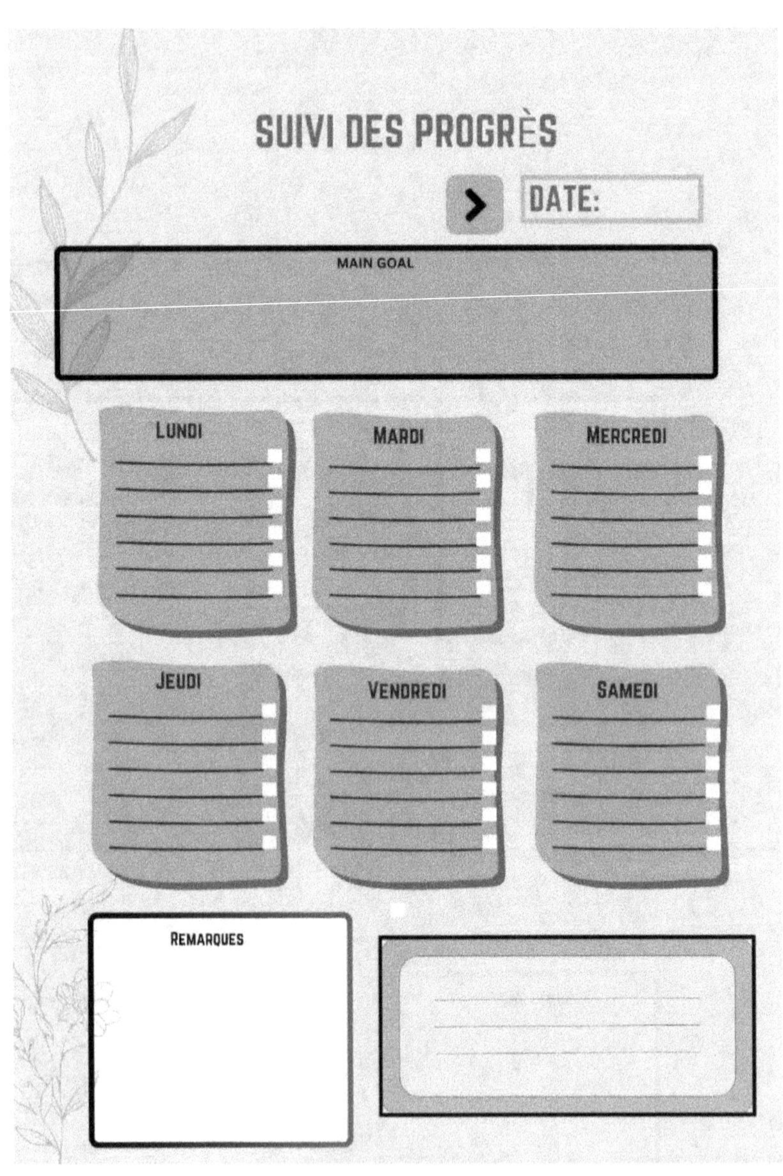

STRESS ET L'ANXIÉTÉ AU TRAVAIL.

www.ingramcontent.com/pod-product-compliance
Lightning Source LLC
Chambersburg PA
CBHW050929260726
48660CB00001B/477